UN252677

図書館サポートフォーラムシリーズ

情報貧国ニッポン

~課題と提言

山崎久道 著

日外アソシエーツ

カバー・イラスト：矢作 信雄

情報貧国ニッポン　～課題と提言

目次

4　情報を記録し、集め、分類する　57

5　データベース、電子ジャーナル、そして図書館　97

1

はじめに——何が問題か——

日本は農業に適した平地が少なく、石油などの天然資源にも乏しいため、多くの原材料や燃料を輸入に依存してきました。特に、食料とエネルギーについては、自給率が低く、輸入に多くを頼っているのが実情です。

意外かもしれませんが、情報もそうなのです。情報と言っても、テレビのバラエティ番組で見聞きするような通俗的な情報や、毎日の衣食住に必要な生活情報のことではありません。経済や企業経営、そして特に、さまざまな研究開発を支える高度な学術情報、医学情報、科学技術情報のことです。この分野では、日本は必要な情報の多くを輸入に頼っているのです。

それも、情報の生産者は、日本にも、そこそこ、いや多数いるのに、それを蓄積して流通させる仕組みが弱体なので、当初の情報を、利用しやすい形に整理した情報を輸入して、それを毎日の研究や業務にあてているのです。たとえば、論文を執筆する研究者は数多くいるのに、それらの文献を収録したブランド価値のあるジャーナル（有名学術雑誌）やデータベースの整備状況は、米欧に比べて極めて貧弱です。つまり、日本人にとって、科学技術分野の先端的な情報は、海外のデータベースや電子ジャーナルといった情報資源を通じて購入するところの「輸入品」なのです。

ひるがえって考えてみると、ご承知のように、日本は、自動車やエレクトロニクスなどの分野ですぐれた製品を次々に開発し、世界の市場に供給して、大きな経済的成功を収めてきました。モノ（工業製品）については、日本は圧倒的な輸出超過を誇ってきました。しかし、ちょうど食料についてそうであるように、情報、特に高度で先端的な情報の分野では、大変な「輸入大国」なのです。

たとえば、わが国病院での高度な医療は、アメリカ等の医学・薬学情報データベースの利用なしには、成立しえません。新薬の開発についても同じです。さらに、アメリカの化学情報データベースは、日本中の化学、薬品、化粧品などの製造会社で、毎日のように使われています。また、最近では、特に自然科学分野の学術雑誌は、大半が海外の有力出版社の手によって電子化され、日本の大学その他の研究者は、それをインターネット経由で、有償で利用しています。その利用経費は、わが国大学等の研究経費や図書館の運営費用を強く圧迫しています。

それならば、日本でこういう有力データベースを構築すれば良いではないか、と思われるかも知れません。しかし、アメリカの化学情報データベースの母体である抄録誌がスタートしたのは、日本の明治時代です。また、医学情報データベースMEDLINEには、MeSHという精緻な用語統制システムが備わっていて、このシステムによって、症状や薬効などから、間違いなく該当情報が検索できるのです。こうしたことは、一朝一夕でできることではなく、永年専門家がデータベース構築の中で知恵を絞ってきた結果なのです。日本が、コンピュータの能力や投入資金などの「形」のみを真似してみても、容易にできることではないのです。

そもそも、日本では、「情報を整理してあとで使う」というような行為や仕事は、徹底的に冷遇されてきました。データベースというのは、そのための装置ですから、こうした環境下では、熱心に作られないのも当然かも知れません。たとえば、警察で捜査記録をデータベースに入力していなかったために、疑わしい人物が捜査線上に上っても情報が得られず、重大な結果を招いたこともありました。そもそも、記録を作ってそれを蓄積することなど、本来の仕事に比べて、よけいな瑣事だったのでありましょう。こうした風土では、データベースに対する目も冷ややかで、予算も付かず、担当者やデータベース構築をになう組織だけがひたすら、苦闘するのみでした。

別の問題もあります。日本では、政府や財団から巨額の研究資金が大学等の研究者に補助金などの形で与えられています。そうした資金をもとに研究者は研究を行い、その成果を論文にまとめます。問題はその後です。こうした研究者が、特に自然科学分野であれば、できるだけ海外の有力学術雑誌に投稿しようとします。なぜでしょうか。それは、こうした雑誌が広く読まれ、引用され、学会への影響力も大きい（インパクト・ファクターが大きい）ので、自分の論文がその雑誌に載ったということが研究者としての経歴に大きなプラスになるからです。事実、大学の教員採用などの時も、こうしたいわば〝ブランド誌〟への論文掲載は、人事評価の際のプラス要素となるといわれています。したがって、日本国の資金で（もとは税金です！）行われた研究の成果が、外国の雑誌に載り、それが電子ジャーナル化されて、それをまた、日本人が買っているのです。もちろん、情報を整理するノウハウやデータベースの設計思想においては彼らの方に一日の長がありますから、その方が使い勝手の良いものができるのかも知れませんが……。

さらに、最近では、ネット上にさまざまな情報が溢れています。その中には、一過性であまり価値のないものもあるでしょう。しかし、紙には印刷されずネット上のみで発表される文書・文献も増えてきています。紙の本なら、図書館などで保存していますが、ネット上の電子情報は、網羅的に保存することが行われていません。そうした電子情報は、「流れに浮かぶうたかた」のように、そのうち消えてしまいます。

そうなったら、日本人が二一世紀になってからどんな考えをもち、いかなる生活をしていたのか、未来には、誰にも分からなくなってしまうおそれすら現実のものになっています。こうした状況を防ぐには、デジタルアーカイブを大規模に展開することが必要ですが、わが国のこの面での動きは、投入予算や著作権法などの制約もあって、極めて鈍いものがあります。

一方、企業などの組織においても、内部にある情報は、企業の価値を高めるものとして、インタンジブルズなどの名称で見直される機運にあります。アメリカでは、これを会計的に資産として扱うことも検討されています。日本でも、ナレッジマネジメントとか情報共有の推進とか、「暗黙知を形式知に」等のかけ声のもとに、これに沿った動きが出てきています。しかし、先に述べたように、「情報を整理することに価値を見いだす」という根本のところでコンセンサスがとれていないために、形だけのものになったり、一過性のブームで終わったりしています。あの、巨人グーグルが、「世界中の情報を整理する」と宣言しているのと比べると、何という違いでしょう。

いずれにせよ、日本でも、即刻、情報資源の重要性を認識し、情報を整理して蓄積するための国家戦略を策定するとともに、必要に応じて教育の中でそういった思想を普及してゆかなければなりません。政治、行政、企業活動、研究開発などにおいても、常にこのことを意識して進めてゆかなければなりません。これは、単なるコンピュータやインターネットといった情報通信技術の応用問題ではなく、日本の社会や産業の今後の発展を占う鍵になる根本問題です。

2 インターネットとグーグルの革新性

1 インターネットの特質

はじめに、情報の入手手段として、すっかり定着した感のあるインターネットについて考えてみましょう。インターネットは、わが国では、図表1のように、さまざまな目的で使われています。

このように情報の収集や買い物、コミュニケーション、娯楽など、インターネットは多くの目的で使われています。では、私たちになじみ深いインターネットには、情報の流通や蓄積といった面から見て、どのような特質があるのでしょうか。四つの角度から、そのことを考えてみましょう。

図表 1. インターネットの利用状況（N=39,864）

利用目的	利用率（%）
ホームページ（ウェブ）・ブログの閲覧	58.1
ソーシャルメディアの利用	36.2
ラジオ、テレビ番組、動画のインターネット配信サービス	18.7
電子メールの受発信	56.4
メールマガジンの発信	19.9
インターネットオークション	12.7
商品・サービスの購入・取引	49.9
デジタルコンテンツの入手・聴取	15.2
地図情報提供サービス	34.4

資料：総務省統計局『日本の統計』日本統計協会、2014年

出入り自由のひろば

まず、誰にとっても、インターネットの世界に入るのも出るのも、全く自由です。入るのにあたって、許可は要りません。もっとも電話番号に該当するアドレスをとる必要はあります。ですが、これは許認可番号と言うよりも、住所に近いもので誰でも取得できるのです。

したがって、ひとたびインターネットに情報を流せば、誰に見られるか全く分からないということになります。広場で、お金を落としたら誰に拾われるか分からないのと同じです。しかし、個人がインターネットの中でどう行動するかは、（ネットワーク全体を破壊するように動くのでない限り）自由なのです。

基本が規制緩和

「出入り自由のひろば」というインターネットの性格は、そこを流れる情報の内容についても、完璧な自由を保証しています。逆にインターネットに反社会的な情報や公序良俗に反する情報を流すことを規制しようと考える人々もいます。事実、アメリカ大統領はインターネット上のポルノを規制するよう訴えました。しかし、それは、「表現の自由」という壁の前に崩れ去ったのです。

銀行のATMのネットワークのような中央集権型のネットワークでは、こうした規制を実行することは、ネットワーク管理者の重要な仕事でした。しかし、情報内容や利用者をチェックするという意味でのネットワーク管理者のいないインターネットでは、誰が特定情報の「反社会性」を認定することにするのかは難しい問題です。国家がこれを行うのは必ずしも好ましいとは言えません。今のところ、インターネットへの接続サービスを担うプロバイダーが、こうした規制を行っています。しかし、それは、たとえば、印刷会社が、本の内容を規制するようなもので、決して最善の姿とは言えません。

これは、もともと、研究者間の紳士協定で始まったともいえるインターネットのある意味での限界ということもできます。しかし、なにものにもとらわれない自由闊達さこそインターネッ

トの良さであることも事実なのです

地方分権の実現

これまでのコンピュータ・ネットワークは、たとえば、JRの切符予約システムにしろ、銀行のオンラインシステムにしろ、中央のホスト・コンピュータの下に、厳密なルールによって運営される「中央集権」型ネットワークが一般的でした。そこでは、専制君主とも言うべきネットワーク管理者の存在がネットワーク全体を監視し、かつネットワークの信頼性、安全性を保証していました。

インターネットにはこのような管理者はいません。接続のための一定の技術的約束事（プロトコル）を守れば、誰でも接続できます。したがって、今現在インターネットに何台のコンピュータが繋がっているかということは公式にはわからないのです。事後的に計測できるだけです。

究極の産地直送

これは情報の流通過程に関する事項です。かつて、商用データベースの情報などは、作成者

（プロデューサ）から提供者（ディストリビュータ）、検索代行者（サーチャー）を経由して利用者に届いていました。いわば、問屋や小売店を通って情報商品が届けられていたのです。インターネットの出現は、最終利用者を情報生産者に直接結びつけることとなりました。情報生産者が自分のサーバーに情報を置いた瞬間、世界中の誰もがそれを手に入れることができるのです。

これはいわば究極の「産直」です。情報の卸売商、小売商はすべて存在価値を失う恐れがあります。（もちろん、卸売商、小売商には、商品の中継だけでなく、商品の選別仕入という機能があるのですが、「産直」によってそれも抜け落ちてしまう可能性があります。このことは、別の大きな問題を提起しています。）

こうしたインターネットの特徴は、コミュニケーション手段として使われるとき、もっとも光彩を放つと思われます。世界中のどこからどこへでも、いつでも、誰でも、文章であっても、画像であっても、動画であっても、情報を送ることができるということは、人類史上未だかつて無かったことです。しかも、ほとんど瞬時に届いてしまいます。その意味では、情報通信における究極的な自由の獲得ということもできるかもしれません。こうした、インターネットの特徴を最大限に生かしたのが、グーグルです。[注1]

注1　以下のGoogleについての記述は、同社のホームページを参照した。

2 グーグルがもたらしたもの

手軽な情報収集とその都度調べる態度の広がり

十数年前の社会と今のそれとを比べて、大きく変わった事柄に「情報検索」（もしくは単に「検索」）ということがあります。情報検索というようなことは、かつては、熟練したデータベース検索専門家（「サーチャー」と呼ばれる）にしかできない高度な技でした。それが、現在では、どうでしょう。〝ケンサク〟という言葉は、その言葉を冠したTV番組まであることからわかるように、すっかり日常語になっていると言えましょう。つまり、検索行為は、大衆化し、日常化したのです。

こうしたことに、与って力があったのは、第一にはインターネットの普及ですが、それとともに、検索エンジン（サーチエンジンとも言います）、とりわけヤフーとグーグルの登場でした。今は、世界的に見るとグーグルが圧倒的に優勢ですが[注2]、普及過程において、この二つが検索エンジンの両横綱であったことには、誰も異論がないでしょう。ところが、この二つの検索エンジンでは、その考え方というか、情報へのアプローチの作法が、当初はかなり違っていたように思われます。

ポータルサイトとしていち早く登場したヤフーは、〝ディレクトリ型〟検索エンジンと言われたことからもわかるように、当初は、概念分類に基礎を置く情報の整理法を採用していました。つまり、図書館における本の分類のように、情報コンテンツの全分野をいくつかのカテゴリに分け、それを細分化することによって情報にアクセスすることができるようになっていました。たとえば、全情報分野は先ず、「エンターテインメント」「趣味とスポーツ」「芸術と人文」「生活と文化」などに大きく分けられています。ここから、各項目ごとに細分化されるという階層構造が出来上がっていて、検索する人は、その階層をたどって目的の情報に到達できるようになっていました。

たとえば、オペラについてのサイトを探すときは、「エンターテインメント」→「音楽」→「ジャンル」→「クラシック」→「オペラ」とクリックして、階層を順に降りてゆけばよいのです。これは、図書館情報学で言うところの列挙型の階層分類そのものです。これは、物事をそれがあらわす概念ないしは立場からとらえて、その範囲を徐々に限定することによって、目的のものに到達するというやり方と言えましょう。

グーグルは、一貫してこれとは対照的です。まず、トップの画面が、ヤフーの賑やかさと比べて、なんともシンプルです。検索を行う場合も、思いついた語をそのままボックスに入力することになっています。その語が表わす事物が、どういう意味か、どんな分野に属するかなどについて、考慮する必要はありません。語を単なるラベルとして扱うことで足りるのです。先ほどの例でいえば、単に「オペラ」と入力したり、「トスカ」と入れたりするだけで十分なのです。

グーグルの特長は、カバーする範囲の膨大さと検索スピードの速さだと思います。こうなると、わからないことはそれが出てきたときに検索して調べればよい、という行動様式が標準のものになるように思われます。グーグルの前では、勉強して知識を獲得したり、教養を高めたりすることが、色褪せて見えるかも知れません。しかもグーグルは、最強の検索ツールとして日々進化を続けています。まさに、記憶の外部化の究極の姿に近いと見ることもできるかも知れません。これまでだったら、社会生活を営むには、個人の頭にある程度の知識ストックが存在することが不可欠でしたが、グーグルの登場により必要の都度、該当する知識を獲得すればよいようになりつつあります。「調べものの大衆化」というのが、グーグルのもたらした大きな社会変化であったと言えましょう。

分類から情報を見つけようとする当初のヤフーと、言葉から情報に到達しようとするグーグル。後者が優勢になったことによって、情報検索は新たな段階に到達したのです。

注2　二〇一二年のアメリカの状況では、検索エンジン利用者の八三％がグーグルを使っている。ヤフーは、六％である。（K・パーセル他 “Search Engine Use 2012” Pew Research Center

2012（pewinternet.org））

知識の断片化

最近の子供たちは､長い文章を読むことが苦手になった､などという話を聞きます。たしかに､一昔前は、図書館で長編小説を借りてきて、一生懸命読んだり、大部の参考書と格闘したりした経験は誰もが持っていたことだと思います。そもそも最近は、長い文章があまり世の中に出回らなくなったのかも知れません。ツイッターの例を挙げるまでもなく、メールにしてもソーシャルメディアにしても、短い言葉のやりとりで意思を通じさせようとする仕組みです。グーグルで何かを調べると、調べる対象となった語句の周囲にある情報がさっと出てきます。全体を見ることなく、その部分だけを効率的に読むことができます。

もちろん、長ければ長いほどよいというわけではありません。短い文章で用が足りるということは、情報流通の「生産性」が上がったとみることもできるかも知れません。しかし、ここで考えなければならないのは、知識には一つの体系というものがあって、その体系の中で、個々の部分的知識が存在場所を得ていると言うことです。全体の体系から切り離した部分的知識は、知識の断片でしかないと思います。たとえば、大学などの教育機関は、知識の体系を教えて、その中における部分的知識を深掘りして行くところです。それに対して、グーグルなどを使って、こうした断片的知識を、その都度検索入手してそれで済ませてしまう態度というものは、一種の危うさを持っていると言わざるを得ません。もし、そうした知識獲得の方法が、有力であるとされ、体系など無用の長物だとされるような世の中が来たら、大学そのものも世界から消え去ってしまうでしょう。「グーグル功成って、大学枯る」というような事態になりかねません。

多数決万能の社会？

グーグルを検索すると、そこに対して多くのリンクが張られているものから、順に出てくるようです。もちろん、そこには公式のホームページなどには、高い得点を与えるなどの質的な調整がなされているのかも知れませんが、基本的には、多くの人が支持する情報から順に出てくると言ってもよいと思います。アマゾンでは、口コミ（的な書評）の多さが、その本の評価のように受け取られています。これは、他のネット通販サイトでも同様でしょう。

そこに共通するのは、多数が支持するものはいいことだ、という一つの価値観だと考えられます。これは、民主主義のもと、選挙で、多数得票者が当選し、権力を持つことによく似ています。多数決原理のネット上での普及と支配と言ってもよいでしょう。しかし、自動車や家電製品のような一般商品についてはともかく、情報について、このような価値基準が浸透することは、どのような結果をもたらすのでしょうか。民主主義のもとでも、少数意見の尊重が、多数決原理の貫徹を補完するものとして重要視されています。

情報商品の一つである書籍について言えば、ベストセラーこそすぐれた本だということになります。売れ行きはその本に対する支持を示すものですから、こういうことが言えます。しかし、「世に隠れた良書」というものもあるでしょう。図書館では、皆がこぞって読むことはないけれど、質の高い本、古典として重要な書物などを、図書館員の目で選んで収集して、図書館に収納しています。これを「選書」と言います。こうした目利きによる情報の評価も、「多数決原理」と並んで、健全な情報社会の構築に大事なことだと思います。

巨大な、しかし不完全なデータベース？

グーグルは、インターネットの情報探索に革命をもたらした、すばらしいシステムだと思います。しかし、グーグルで探索する上で、実務上の問題もあります。その一つは、固有名詞から検索する場合は、強力な性能を発揮しますが、一般的な事柄から探す場合は、それほど便利ではないと言うことです。オバマ大統領について探したい場合は、検索ボックスに「オバマ」と入れれば該当記事が出てきますし、オバマ大統領と日本の安倍首相の関わりについて情報が欲しければ、同様に「オバマ　安倍晋三」と入力すればたくさん情報が得られます。

一方、アメリカの政治について調べたい時はどうでしょうか。もちろん、「アメリカ　政治」と入れれば、ある程度の情報は出てきます。「アメリカ　議会」「アメリカ　政党」と入れれば、関連の情報が出ます。これは、「アメリカ　民主主義」などという検索も有効かも知れません。結構手間がかかります。これは、「オバマ」という個別的かつ具体的な人名から探すのでなく、「政治」という包括的で抽象的な概念から探しているからです。こうした検索は、グーグルは、あまり得意ではないようです。固有名から探す時は、絶大な効果を発揮するのに、です。

もう一つは、今のことに関連しますが、分類から探せないことです。たとえば、環境問題に興味があって、情報を探したいと思っているとします。グーグルで「環境」もしくは「環境問題」と指示すれば、何か出てきます。しかし、先頭に出てくるのは、ウィキペディアの記事が多く、その限りでは便利ですが、それ以外は雑多で、処理に困ります。この限りでは、グーグルは、まるで、ウィキペディアのための検索システムのようにも見えます。

三つ目は、情報の評価の問題です。グーグルでは、論文における引用の考え方になぞらえて、「ページランク」という機能などを使って、検索して得られた情報の出力順を決めているようです。ごくおおざっぱに言えば、有力なサイトからリンクを張られている記事を優先して出すというのが、その仕組みの一つの特徴だと思われます。有力なサイトというのは、たくさんリンクを張られているサイトですから、この順番を決めるには、高度な数学的処理が必要でしょう。

これは、ある意味で、先ほど述べた「多数決原理」で情報の出力順を決めているという姿のように思われます。もちろん、多くの人が支持し、よくアクセスされているページの信頼性が高いという説には、一定の意義があります。しかし、「知る人ぞ知る」や少数意見といったものは、無視される恐れがあります。

データベースでは、こうした点を解決するための仕組みが、あらかじめ施されています。包括的・抽象的な事柄から探す場合に備えて、多くのデータベースでは、「シソーラス」といって、使用される可能性のある検索語を指定し、それに関係する言葉を、同義語や上位語、下位語、あるいは関連語と言った形で整理し、検索に反映させるようなシステムを準備しています。先の政治の例で言えば、「政治」という語の下位語や関連語として「議会」「政党」「民主主義」などの語を位置づけています。検索する時、「政治」と入力するだけで、「議会」「政党」「民主主義」などの語を自動的に含めて検索することもできます。また、それが「余計なお節介」というのであれば、厳密に「政治」という語だけで検索することもできます。検索のスコープを柔軟に変更できるのです。

分類を導入しているデータベースもあります。海外の学術雑誌のデータベースでは、「医学」など、分野を指定して検索できるものもあります。さらに、その中を「内科学」……などと細分化して指定することもできます。また、情報の評価については、データベースに情報を収録するとき、データベース製作者がその情報の信頼性について吟味し、その結果、そのデータベースに採択するかどうか決めています。こうした点から見ると、革命的なグーグルにも、データベースの立場から見るとウィークポイントのあることは否めないのです。

3 情報とは何か

1　高まる情報の重要性

情報とは何か

ここで、より根本にかえって、「情報」というものについて考えてみましょう。情報とは、われわれがいつも接しているものですし、「情報」という言葉自体もすでに日常語になっています。けれども、情報は、私たちの仕事や生活と、どのように関わっているのでしょう。情報というものは、色々な意味で使われていて、何だか得体の知れないもの、という感じもあります。

実は、情報については、古今の学者や研究者たちがさまざまな考えや立場を示しています。それを、「情報の定義」という形で整理することができます。試みに、情報の定義のいくつか

図表2．情報の定義の例（その1）

①「環境からの刺戟」加藤　秀俊
②「人間と人間とのあいだで伝達されるいっさいの記号の系列」梅棹　忠夫
③「（微少のエネルギーで）複製が可能であり、かつ、複製されたのちもなお元と同一の状態を保つようなものについて、その複製された内容」野口　悠紀雄
④「我々が外界に適応しようと行動し、またその調節行動の結果を外界から感知するさいに、我々が外界と交換するものの内容」ノバート・ウィーナー
⑤「対象物の状態が不確定である時、その状態を分類し他の可能な状態から区別することにより、より明確なものにするもの」瀧　保夫
⑥「生活主体が何らかの効用を実現するための行動選択に役立つ外部の客体との間の状況関係に関する報らせ」増田　米二

資料：山﨑久道『専門図書館経営論』日外アソシエーツ　1999年。

を挙げてみましょう。

ちなみに、⑤の定義は、有名なシャノンの定義です。①から⑤までを見ると、「外界からの刺激」「不確実性を減少させるもの」「人間同士が伝達するもの」「コピーしても変わらないもの」……などなど実にさまざまです。しかし、それだけ見ても、情報と私たちの仕事や生活との関わりは、正直もう一つピンときません。それを解決するヒントは、どうも⑥の定義にありそうです。

つまり、人間の営みに重要な影響を与えるということが、ほかならぬ「情報」の正体です。「天気予報で降水確率七〇％と言っていたから傘を持って出かけよう」など、私たちは得た情報を解釈し、それを行動の指針とすることによって、現実に行動を開始します。また、自動車の運転のように、目前の状況（視覚による情報の受容）によって、絶えずハンドルその他の操作を変えています。

次に、この点を少し詳しく説明しましょう。

行動の指針としての情報

ここで、もっとも身近な情報として、「天気予報」をあげましょう。皆さんの生活を考えると、誰でも次のような場面が浮かぶことでしょう。

> 朝七時のテレビのニュースで、「今日の降水確率は、午前二〇%、午後一〇%」と言っていたから、今日は傘を持たずに出かけよう。

また、ある日は、以下のようであるかもしれません。

> 朝七時のテレビのニュースで、「今日は、一日雨で、午後から夕方にかけて強く降るでしょう」と言っていたから、今日は長い傘を持って出かけよう。

私たちは、このようなことを、毎日毎日繰り返しているのです。このことを、定式化して考えると、たとえば、以下のように表現できます。

> 天気予報で「晴れ」「くもり」→傘を持たずに出かける。
> 天気予報で「くもり一時雨」→折りたたみ傘を持って出かける。
> 天気予報で「雨」→長い傘を持って出かける。

「→」の上にあるのが「情報」、同じくその下にあるのが「行動」ということになります。これから見ると、人間は、「情報」を入手し、それを分析・評価して利用して行動しているということが分かります。すなわち、「情報」は「行動」の指針なのです。

私たちは、自分やそれを取り巻く組織や人々が最大の満足を得るように行動しています。とすれば、もしその行動の元となった情報に誤りがあれば、正しい行動をとることはできません。天気予報の例で言えば、予報官や天気予報会社がいい加減な仕事をして、本来、雨の可能性が高いのに、「終日よく晴れる」などと発信すれば、それを聞いて傘を持たずに出かけた人は、あとで、ズブ濡れになってしまうことでしょう。

情報がなぜこの社会で重要なのかは、それが「行動の指針」だからです。個人や企業が正しい行動を取るためには、まずもって正しい情報を入手しなければなりません。

情報の評価

情報の内容を評価するに当たって、その情報が自分にとってどの程度の意味を持つか、分類して考えることが重要です。

図表3は、情報内容を、それが自分にとってどんなインパクト（影響）を持つかによって評価・

図表 3. 情報内容の評価の例

	システムと外界の間で交換されるもの		システムの内部にとどまっているもの
価値があるもの	(1)レストランで、テーブルに座って、これから注文しようとしているメニューの内容	(3)解答し終った計算ドリル	(5)来週のプレゼン用で使うスライドのファイル
価値がないもの	(2)すでに十分な数の入社内定をもらった人にとっての採用情報	(4)授業中の他人の私語	(6)ファイル作成が終わったとき、自分のパソコンのハードディスクに溜まっている作成途上のファイル
	不確実性を減らすもの	不確実性を減らさないもの	

資料：野口悠紀雄『情報の経済理論』東洋経済新報社，1974，p.19－20．を収録事例を中心に修正。

分類したものです。インパクトの種類は、三つあります。

①その情報が外部から来たものかどうか

情報が自分のコントロールできない外部から来たものか、それとも自分の頭の中や自分のパソコンなど自分がコントロールできる範囲から出てきたものか、ということです。たとえば、メールについて言えば、人からもらうメールは前者で、自分が書くメールは後者です。

②その情報が、「不確実性」を減少させるかどうか

その情報を入手することによって、入手前には不確実だったことが明らかになったかどうか、ということです。たとえば、食料品スーパーで野菜を売っていることが分かっても、それはほとんど不確実性を減らしませんが（当たり前

のことだから、情報入手前から、確実性を持って予想できる）、文房具も売っていることがわかったとしたら、それは、不確実性を減少させる程度はずっと大きいことになります。

③その情報に価値があるかどうか

その情報が自分にとって価値があるか。たとえば、ある芸能人のＷｅｂサイトは、その人にまったく関心のない自分には価値がないが、ファンの人には高い価値がある、などといったことです。情報価値は、情報の受け手の置かれた状況や嗜好、主観などに依存します。

前述の三つの種類を組み合わせて、現実の情報がどのように当てはまるのかを図示したのが、図表3なのです。もう一度、じっくり図表3を見てください。順に解説しましょう。

⑴レストランで、テーブルに座って、これから注文しようとしているメニューの内容

これから食事をしようとしているのですから、あなたにとってメニューには大きな価値があります。しかも、メニューの内容（品目、価格）のほとんどは、事前に確定的な予想がつかず、見てはじめて分かるものです。つまり、このメニュー（情報）の、「不確実性減少効果」は大きいのです。一般にこのタイプの情報は、仕事や生活における意思決定や行動の指針として、最も重要です。他には、「今投資している株式の市場価格」「好きなタレントの書いたブログ」などが考えられます。

⑵すでに十分な数の入社内定をもらった人にとっての採用情報

あなたが就職活動をしているのでしたら、採用情報は大きな価値を持っています。しかも、それは「外部から来て」「不確実性を減らす」ものです。しかし、もし、いくつか内定が出て就職活動を終えたのであれば、活動中の人に比べて価値は大きく下がり、ほとんど無価値と言うことにもなりましょう。情報爆発の現代では、このタイプの情報が圧倒的に多く、そうした情報に振りまわされては、時間がいくらあっても足りないということになります。大事なことは、このタイプの情報を見たいという誘惑をシャットアウトすることです。

⑶解答し終った計算ドリル

計算ドリル自体は価値のあるものですが、一旦解き終わってしまえば、それは不確実性を減らすものではありません。答えるたびに正解が異なるということはないからです。これは、「既知」の情報ということです。

⑷授業中の他人の私語

外部から来て、価値のない（どころか勉強の妨げになる）情報です。内容もとりとめのないものでしょうから、不確実性も減らさないでしょう。

⑸来週のプレゼン用で使うスライドのファイル

自分のパソコンの中に蓄積されていて、価値が高い情報です。誤って消去したりしないよう注意しなければなりません。自分の頭の中にある有用な知識も、このグループの情報です。ベテランとかエキスパートとか言われる人たちは、この部分が豊富なのです。

⑹ファイル作成が終わったとき、自分のパソコンのハードディスクに溜まっている作成途上のファイル

⑸とは逆に、価値がなく、むしろパソコンの動きに障害となるおそれのある情報です。こうした「ノイズ」ともいえる情報は、自分の身の回りに多く存在し、知らないうちに増殖してしまいます。できるかぎり整理してゆく必要があります。先ほど述べた「ベテラン」は、こうした整理がうまい人たちでもあるのです。

こうして、自分が扱う情報を区分し、それぞれについて、「付き合い方」を決めてゆく必要があります。そのことが、時間を節約し、効率的に仕事を進めてゆくことにつながるのです。

情報の管理上の特殊性

情報や知識は、一般のモノと、その性質が違います。それは、さまざまな角度から見ることができます。たとえば、モノは目に見えますが、情報は見えません。そのため、情報の扱い方

には、モノの場合と違った配慮が必要です。その点を、図表4にまとめてみましょう。

まず、前述したようにモノは目に見えますから、その大きさや形とともに、存在を目で確認できます。紙の本に載せられた情報を考えると、紙や本というモノのおかげで、情報もモノのように扱うことができます。ところが、情報を電子化すると、その存在を確認することが、とたんに難しくなります。無くなっても気がつかないこともあります。誰でも、自分の家の書棚に並んでいる本については、何があるかだいたい覚えているでしょうが、自分のパソコンのハードディスクに何が入っているかを、正確に覚えている人はほとんどいないでしょう。

情報とモノの違いを考えるために、図書館と商品倉庫を比較してみましょう。倉庫には、いろいろな商品が納められているでしょうが、一種類の商品について、同じものを何点かずつ保有しているのが普通です。そうでなければ、同一商品に注文が重なった時、対応できません。一万点の商品が倉庫にあるという場合、たとえば、一〇〇〇種類の商品を平均各一〇点ずつ持っているなどということになりましょう。ところが、一万点の資料を保有する図書館の場合は、一万種類の本を持っているのが普通です。図書館では、一種類の本は、普通一点しか置きません。もちろん、ベストセラーその他で、要望の多い本を重複して置いているケースもありますが、これは例外的なことです。

図表 4. 情報・知識とモノの違い

	性質	モノ(たとえばクルマ)	情報・知識	管理上の問題
存在	視認性	目に見え、形や大きさが分かる。	電子化すると形、大きさはおろか、存在すら見えなくなる。	知らないうちに、消してしまう。どこにあるか分からなくなる。
	異質性	種類は、一定数。	種類が無限。	情報の存在数だけ情報の種類がある。
譲渡	唯一性	人に譲ると、手元から無くなる。	人に譲っても、手元に残る。	自分が作った情報と人からもらった情報が混在。
	不滅性	破壊すると、効力がなくなる。	完全に消去することが難しい。	セキュリティ対策が重要だが、かならず限界がある。
	模造性	複製することが困難。	コピーが作りやすい。	著作権管理に手間と神経を使う。
利用	自助性	それ自身で使える。	メディア、ネットワークなどの助けを必要とする。	ITの知識がないと、情報を扱えない。
	完結性	それだけで完結する。	他の情報を作るのに利用される。	情報は、目的であり、手段でもある。
	加工性	素人が加工できない。	素人がいかようにも加工できる。	改ざんの危険が常にある。
集積	集合性	集積してもそれだけの価値しかない。	集積すると、全体を足し合わせた以上の価値を生む。	ビッグデータ、データベース、図書館・・・
	副次性	明確に作成する意思がないと、作れない。	何かの行動や行為に付随して発生する。	発生量が膨大。
	増殖性	自己増殖することはない。	自己増殖するかのごとく見える。	風評被害、ブログなどの炎上。
評価	主観性	その価値が人によって、さほど変わらない。	人によって、価値が大きく異なる。	重要な情報を指定しにくい。
	経済性	使用価値と交換価値(価格)にさほど乖離がない。	使用価値と交換価値(価格)に大きな乖離がある場合がある。	情報のコストを計算しにくい。

資料:著者作成

図書館で扱う本を「情報」と考えると、このことは情報の管理に深刻な問題を投げかけています。一〇万冊の本を所蔵する図書館の管理・運営は、一〇万点のモノを納める倉庫の管理とは、決定的に違うのです。はるかに複雑だと言った方がよいかも知れません。

モノと情報の違いは、まだまだあります。一般のモノは、他人にあげると手元から無くなってしまいます。情報の場合は、コピーが手元に残ることが、ごく普通にあります。これは、意図的にせよ、無意識的にせよ起こります。最近は、コンピュータの自動バックアップ機能などが作動して、自動的に複製が残るケースが増えていると思われます。このことが、次の深刻な問題を引き起こします。

たとえば、宝石というようなモノが盗難、つまり流出してもそれを取り返せば元に戻ります。しかし、情報がいったん流出すると、そのコピーが世界中を駆け回ることになり、それを取り戻したり、完全に消去したりすることは困難です。そもそも、取り戻すことに、事実上ほとんど意味はないのです。プライバシーに関する情報の流出などが、社会において深刻な問題になるのはそのためです。ここに、情報のもうひとつの性格、つまり、コピーをいくらでも作れるという点に、注目する必要が出てきます。

このほか、情報には、簡単に加工できる、たくさん集まると価値が出る、副次的に発生する、自己増殖する（ように見える）、価値が主観によって変わる、などの性質があります。情

図表 5. ITの普及指標

	移動電話契約数（2012）（100人あたり）	インターネット利用率（2012）（%）	ブロードバンド契約数（2012）（1000人あたり）	SNS利用率推計（2012）（%）
日本	110.91	79.50	27.7	35.4
中国	80.76	42.30	–	22.9
アメリカ	95.45	81.03	28.8	50.1
イギリス	135.29	87.02	34.3	47.7
ドイツ	111.59	84.00	34.1	36.7
フランス	97.41	83.00	36.4	36.5
オーストラリア	105.50	82.35	25.2	45.9

資料：総務省統計局『世界の統計2014年版』日本統計協会　2014年
総務省『情報通信白書平成26年版』 日経印刷　2014年

報の問題を科学的にとらえるのに、単なるモノのアナロジーでは十分ではないということが言えましょう。

進む「情報化」

情報は、行動の指針ということが言えると述べました。一方では、情報というと、日本では、コンピュータのことをいうケースも多いようです。特に、わが国で、情報化と言うとき、その語は、ほとんどの場合、コンピュータやＩＴの普及の意味で使われてきました。事実、携帯電話、スマートフォン、インターネットなどは、たくさんの人が、毎日のように使うようになってきました。この結果、日本は、携帯電話、ブロードバンドインターネット、ＳＮＳ（social networking serviceまたはsite）の利用において、欧米先進国と比べて遜色ない水準にあります。（図表5参照）

確かに、情報を伝達するための仕組みは、大きく発展を遂げ、この面では、全国民が、情報技術の恩恵を受けて、毎日の生活を送っているものと思います。しかし、そこに流れる情報の内容に着目すると、どうでしょうか。情報内容が充実していなければ、いくらそれを伝え流す設備や機器が充実していても、「行動の指針」として情報を役立てることは困難なのです。いや、情報を流通させる技術や仕組みが整備されてきた今こそ、情報資源の充実を図らねばなりません。

2　文書の重要性

学習・仕事と情報

情報を効果的に取り扱う、あるいはもっと簡単に「情報とうまく付き合う」と言っても、仕事や生活の中で、私たちは、実にさまざまな形で情報と接しているのです。その点をきちんと区分して考えないと、行き当たりばったりの対応になったり、必要もないことに時間を費やしたりします。

ここでは、情報と付き合うさまざまなシーンを、場面に分けて示します。説明があまりにも煩雑になるので、書籍、雑誌などの文献とeメールや書類などの文書を、併せて解説します。本来、文献（書籍、雑誌、新聞など）と文書（書類）は、同じ情報と言っても、少し性格の違うものなので、実際の仕事の場では、別々に考えるべきです。（図表6参照）

こうしてみると、私たちが、行動の指針としての情報を熱心に集めていることが分かります。ここで、大事なことは、情報を入手するまでの間は、その情報の情報源によって、その情報を評価してしまわないことです。たとえば、現在の景気の状況を判定するには、もしかしたら、「学術雑誌よりはスーパーのチラシ数枚」が、あるいは「専門家のコメントより、タクシー・ドライバーの談話」が、それぞれ、有効な場合があるかもしれません。（いつもそうだというわけではありませんが。）情報や情報源に対して、妙な先入観を抱かずに、虚心坦懐に接することは情報使いの達人の重要な心がけです。

文書の意義

文書を整理・分類することには、いかなる意味があるのでしょうか。そのことを、簡単に示

図表6. 情報と付き合うさまざまな場面

(1) 情報の収集・入手
▶書籍、雑誌、新聞、インターネット、テレビ、ラジオ、チラシ、パンフレット、データベースなどのアラートサービス、メール…
▶家族、友人、知人、先生、専門家、専門機関
▶現場で直接に見る・聞く・感じる

(2) 収集した情報の整理
▶入手時間順に整理（新しい順、古い順）
▶分類する（主観的基準：重要度、科目別、課題別、プロジェクト別）
▶分類する（客観的基準：作成者、出版者、出版年、主題内容＝キーワード）

(3) 整理した情報の蓄積・保管
▶分類配架　▶ファイリング（紙ベース）
▶データベース化（Accessなどのデータベース専用ソフトの活用）

(4) 情報の検索
▶内部データベースの検索
▶検索エンジンの利用
▶ポータルサイトによる検索
▶図書館の蔵書目録（OPAC）の検索
▶外部（商用）データベースの検索
▶電子ジャーナルの活用

(5) 情報の評価
▶これまでの自分の知識で解釈　▶先行研究との比較　▶専門家の意見を聞く

(6) 情報の利用
▶精読　▶摘読（拾い読み）　▶読書ノートの作成　▶カード化
▶知的生産の方法

(7) 情報の分析・加工
▶図解　▶KJ法などによるグルーピング　▶時系列分析　▶傾向分析
▶数値解析

(8) 文章化
▶要約　▶箇条書き　▶説明の分かりやすさ　▶論理性

(9) 発表
▶口頭発表（PowerPointによるプレゼン等）　▶スライドの作り方　▶話し方
▶説得術　▶ストーリー性

(10) 論文や報告の執筆
▶形式の重要性　▶先行研究の十分な調査　▶オリジナリティ
▶研究の追体験の可能性　▶文献引用の適正さ　▶著作権法の遵守

資料：著者作成

すと、図のようになります。「仕事」と「情報」には、以下の二通りの関係があります。

⑴仕事は、保有する情報を参照して行われる。

⑵仕事の結果、新たな情報が作成される。

この点を、地方自治体の場合を例に、さらに詳細に示したのが、次の図表8です。

この図表は、以下のことを表しています。

図表7. 仕事と情報の関係

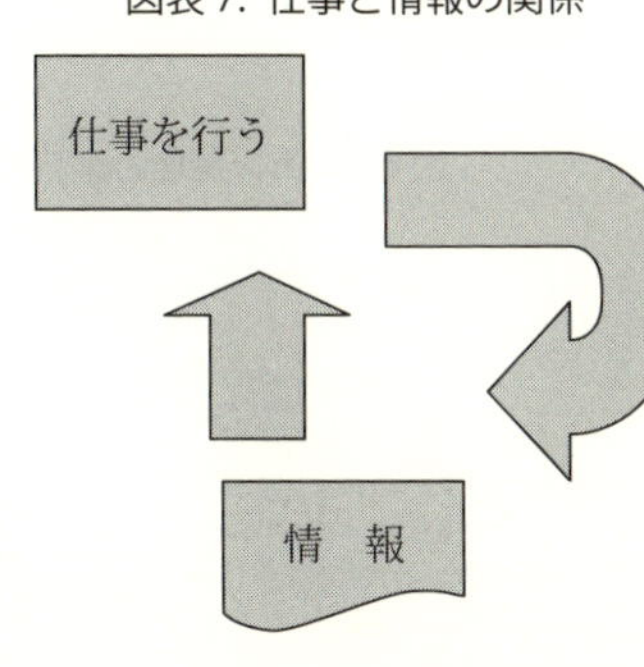

①地方自治体などの公的機関は、保有する情報に基づいて、意思決定を行います。この際、適切に情報が収集・整理されていることが必要です。

②その意思決定に従って、実際の業務処理がなされます。

③業務処理を通じて、情報が集まってきます。あるいは、意図的に情報を追加収集します。その情報の出所は、国民、企業、教育機関、諸団体、地方

図表 8. 情報整理と業務の流れ（地方自治体の場合）

適正
将来指向

公正
効果
効率

自治体の
意思決定

自治体の
業務処理

管理された
良質の情報

機動的、網羅
的な情報収集

情報の整理
（ファイリング、
データベース化
＝記録管理

外部環境
（住民、企業、国、他自治体、海外、その他）

資料：著者作成

自治体、海外などです。
④集まってきた、もしくは意図的に収集した情報を、一定のルールに従って整理し、蓄積してゆきます。その時に適用される手法が、ファイリングシステムやデータベースなどです。
こうしてみると、業務やそのための意思決定の質や効果に影響を与えるのは、情報、それも、どのような情報が、どのように整理され、どのようにして利用できるかの仕組みやシステムである、ということができましょう。文書管理がなぜ必要なのかは、ここに大きな理由があります。

文書の本質

私たちは、仕事の中で、文書（書類）を作ったり、文書を参照したりしています。文書の本質とは、一体、何でしょうか。以下のような点が考えられます。

①文書はかけがえのない過去を映す記録である
②文書は現在の行動の規範をさししめす
③文書は未来の人々のための、現在の人々からのメッセージである

④文書は客観化された自己である
⑤文書は外部化された社会的記憶である

これらの諸原則は、以下のような意義を有しています。

①文書はかけがえのない過去を映す記録である

過去の出来事、過去に交わされた会話、過去に抱いた感情などは、文書に定着させることによって、過去の記録として存在することが可能になります。出来事や感情のみでは、存在を主張したり、証明したりすることが難しいのです。人間の記憶は、曖昧なものであり、また移ろいやすく、文書に記載されることによって初めて永遠の生命を得ることができます。文書に残された記録は、過去そのものの唯一の投影であり、その意味で、かけがえのないものです。過去を記録した文書が失われれば、それは、過去そのものを抹消することになります。また、文書を改ざんすることは、過去そのものを捻じ曲げようとすることです。

②文書は現在の行動の規範をさししめす

人間は、法律、規則、マニュアル、技術基準、事例報告などの文書を参照しつつ行動します。これは、いかなる組織においても同じです。文書には、行動規範や最適行動のための要件が凝縮して示されているのです。もしも、文書が存在しなければ、人間の行動は、場当たり的になり、安定的な組織目標の達成はおぼつきません。

③文書は未来の人々のための、現在の人々からのメッセージである

現在の行動や仕事について文書に記録しておくことは、未来の人々に対する大きなプレゼントです。何も年金だけが後世の人々に恩恵をもたらすのではありません。適切な記録としての文書は、未来の人々にとって価値ある知的資産となるのです。注意すべきは、未来の人々の中に、自分自身（個人や組織）も入るということです。

④文書は客観化された自己である

暗黙知の段階にある知識や知恵を、文書に表現して形式知とすることは、自分のもっている思考、経験、知識を、誰にでも分かる形に客観的に示すことになります。主観的な思考やその結果を、客観的な表現物としてすべての人々の共有財産にすることが、文書の大きな目的の一つです。

⑤文書は外部化された社会的記憶である

人類は、過去の知恵の集積の上に、現在の繁栄や精神的豊かさを築いています。個人のレベルでも過去に学ぶことは有効ですが、それを社会的、あるいは組織内で連携させ、必要なときに取り出せるようにすれば、あたかも社会全体の記憶装置のように機能することになります。

それは、具体的には、文書を作成、整理、保存、提供可能にすることによってはじめて実現できることなのです。

こうしたことから、文書がいかに個人や社会にとって大事なものかが分かると思います。

組織体の中の情報

組織体の中の情報は、文書（書類）が中心です。口約束でなく、文書で情報をやりとりすることによって、間違いなく仕事を進めることができるのです。

そこで、企業における文書管理の目的としては、以下のようなものが考えられます。

一つ目は、「保険効果」です。これは、いいかえれば「リスク対応」ということです。たとえば、裁判のときの証拠として保存しておくとか、製品による事故が発生した時に備えて開発関連の文書を取っておくなどの万一の事態への準備としての機能です。

二つ目は、「履歴効果」です。企業の足跡としての、社史、経営史、技術史などの編纂などと関連して、〝企業の生き様〟を記録しておくという効果です。

三つ目は、「戦略効果」です。単に文書をとっておくということから脱却して、過去の文書に記述された情報内容を活用して、企業の将来企画や製品開発に結び付けていくというものです。

大事な点は、文書管理・文書保存を明確な手順にもとづいて行うことによって、これら三つの効果を同時に享受できるということです。これまで、データベースなどの文書保存の仕組みを考えるとき、目標を上記のうちの一つに無理に絞るために、その投資効果が過小に見積もられるきらいがあったように思われます。

つぎに、文書管理はあくまでも、企業その他の組織の経営に生かされることが必要であるということから、経営管理者に要求される能力や資質について考えてみましょう。これについては、経営学者のドラッカーが、次の五項目をあげています[注3]。

経営管理者は、次の各項目を効果的に遂行できなければならないとしています。

①目標を設定する（目標設定力）

これは、皆が何を目指して働くかを明らかにするということで、たとえば、「わかりやすい言葉で語りかける」「熱意を伝える」などということも含まれます。

②組織する（組織力）

これは、仕事をするメンバーを選ぶ、もしくはメンバーに仕事を割り当てる、といったことです。スポーツでいえば、チーム編成、先発メンバーの選定などがこれに当たります。

③動機づけと意思疎通を図る（動機付け力と意思疎通力）

これは、メンバーに対し、リーダーが根気強く自分の考えを伝えることです。それを通じて、メンバーの皆をやる気にさせるとともに、メンバーの不安を取り除くのです。

④測定する（成果測定力）

これは、メンバーの働きぶりとその成果を公平に、客観的に測定することを意味します。そして、客観的なデータに基づいて、メンバーを処遇することが求められます。このことが、労働意欲やモラルの維持向上にもつながるのです。

⑤人材を開発する（人材開発・育成力）

字義通りであり、このことによって将来の組織の発展を図るのです。さらに、重要なことは、経営管理者自身を高めることにも関心があるべきだということです。向上心のない上司のもとでなければ、部下は自分を磨こうとはしないものでしょう。

ここで注目すべきことは、経営管理者に必要な能力のほとんどの項目が、情報の取り扱いに関係しているということです。目標設定は、情報の表現の問題ですし、組織したり、成果測定を公平にかつ効率的に行ったりするためには、蓄積された良質の情報が必要です。また、動機付けにおいては、コミュニケーションと情報の受容の問題が中心になるし、人材開発においては、適切な情報の提供が不可欠です。

注3　ドラッカー（野田一夫、村上恒夫監訳）『マネジメント』ダイヤモンド社　一九七四年

静態的（static）文書管理と動態的（dynamic）文書管理

企業等の組織における文書管理を、その性格から見ると、次の二つに分けることができます。一つは、「静態的（static）文書管理」で、法令・自主ガイドラインによる規制や説明責任への対応を目標として、行われるものです。ここでは、コンプライアンス（法令遵守）の観点が、重要になり、ここで扱われる文書は、組織の正式な記録として、何人も書き換えしてはならないのです。その管理は、社内レコードセンターのような部門でおこなわれます。これは、"static records"とでも言うべきものでしょう。

もう一つは、「動態的（dynamic）文書管理」で、これは、情報を活用する目的で、いわゆる「インハウス・データベース」（データウェアハウス、データマート）として構築されます。その内容は、技術開発・営業活動・新製品・クレーム情報等のように目的や内容ごとに分類されたデータベースです。ここには、有用なデータであればメモに至るまで含まれ、目的に応じて

集約・加工される、つまり改変されることが日常的に行われます。これは、事業部門、業務部門で作成・管理され、付加価値を加えて新しい情報に衣替えされることが、そのポイントです。これは、〝dynamic documents〟とでも、言うべきでしょうか。

文書管理の静態的と動態的とを比較すると、静態的文書管理が、企業の〝あるがまま〟の姿を示すことが目的で、「改ざん、加工、粉飾してはならない」ことが求められることから、財務会計に類似していると見ることができるでしょう。他方、動態的文書管理は、企業の今後の〝あるべき姿〟を示すことが目標で、「必要に応じて積極的に加工して活用する」ところにその真髄があることから、管理（経営）会計に類似しています。

企業内文書管理の諸側面

文書や情報を管理することも、最終的には、企業価値を高めることに役立たなくてはなりません。企業価値については、「今日、企業の価値評価の対象は、バランスシート等の財務諸表には載らない〝見えない資産〟に移りつつある」[注4]と言われています。

〝見えない資産〟（intangible asset）は、今日、かなり広範な内容を含んでいます。たとえば、以下のようなものが、その候補として含まれる可能性があります。[注5]

①協定と契約（広告、建設、コンサルティング、顧客、地役権、雇用など）
②権利（放送、開発、着上陸、賃貸借など）
③有利な未履行契約（賃貸など）
④許可（環境、建築など）
⑤特許
⑥著作権（原稿、文学作品、音楽作品など）
⑦免許（有線、ラジオ、テレビなどに対する）
⑧商標、商品名（ブランド名、新聞の奥付など）
⑨コンピュータソフト及びライセンス、コンピュータプログラム、情報システム、プログラムフォーマット、インターネットのドメイン名、ポータル
⑩特許未出願の技術（機密の方式と処理手順、秘訣、製造過程と手順など）
⑪強制保険の価値、保険の満期
⑫技術メモ、技術と処理手順のマニュアル、青写真
⑬データベース、タイトルプラント
⑭研究開発

⑮一覧表（広告、顧客、ディーラー、郵送先など）
⑯ファイルと記録（信用貸、医療など）
⑰金融機関との預金者もしくは借用者としての関係（コア・デポジットなど）
⑱エスクロー資金の預託金額
⑲販売チャネルと商圏

これを見ると、これまで、無体財産権として認識されていた「特許」「著作権」「商標」などのほかに、さまざまな「権利」「契約」などが入っているのに気がつきます。注目すべきことは、「技術メモ」「データベース」「記録」などの文書（の集合）が入っていることでしょう。作成された文書には、何らかの価値があるのです。

注4　知的財産戦略会議『知的財産戦略大綱（第二章基本的方向　三、活用戦略（2知的財産の評価と活用）』　二〇〇二年七月三日
http://www.kantei.go.jp/jp/singi/titeki/kettei/020703taikou.html#1-1　2006/07/14
注5　Wayne S. Upton, Jr. "Special Report: Business and Financial Reporting, Challenges from the New Economy" 〈Financial Accounting Series (No. 219-A)〉. Financial Accounting Standards Board. April 2001, p.69による。

4

情報を記録し、集め、分類する

1　情報を記録してゆくことの意味

情報のフローとストック

私たちの周囲にある情報には、流れて、消費されて、そして消えて行くような情報もあれば、一か所に蓄積しておいて、あとで利用するような情報もあります。前者の例は、メールや電話や放送でしょうし、後者の例は、図書館やデータベースです。これは、ちょうど水について、水道を流れてくる水もあれば、貯水池やダムに貯めてある水もあるようなものです。生活の中では、新鮮な流水も必要だし、冷蔵庫にあるミネラルウォーターのペットボトルも必要です。水でも情報でも前者のようなものを「フロー」と呼び、後者のようなものを「ストック」と呼ぶことができます。フローとストックは、同じ水や情報でも働きが違うのです。フローは時々刻々消費してゆくものですし、ストックは、必要な時や、いざというときに頼るものです。フローのありがたみは、誰にでもすぐ分かるのに、ストックの価値は、なかなか認識されません。

そのせいか、日本では、「情報ストック」である図書館、文書館、データベースなどの整備がうまく進んでいないように思われます。しかし、安定的な飲み水の供給には、貯水池、ダム、浄水場と言った設備が不可欠なように、情報社会が機能して行くためには、情報ストックの整備が大切なのです。「明確な意図と設計思想のもとに、情報を収集・整理して、何らかのメディアに一定の規則で蓄積し、保存するとともに、あとで必要に応じて効率的に検索・利用できるようにしたもの」を、情報ストック、情報資源などとよぶことにすると、その例として、図書館、文書館、データベース、電子ジャーナル、デジタルアーカイブ、博物館などが挙げられます。それは、過去の記録や文化を保存する大切な資産でもあるのです。

水に流す日本人

日本人は、何か揉め事があって、その後仲直りしたい時、よく「済んだことは水に流しましょう」と言ってその場を納めます。「水に流す」と言う表現は、英語にもあるのでしょうか。インターネット上の「英辞郎」で調べると、いろいろな表現が上がっています。その中で、面白いのは、「すべて水に流す」の英訳として“resolve all”という表現が出てきていることです。resolveには、解決する、と言うような意味があるので、単純に忘れたり、無視したりすることと違うように思われます。

これは、全く感覚的な議論ですが、過去に問題があると、それを無視しようとしたり、場合によっては改ざんしようとしたりするというのが、日本人によく見られる行動パターンのように思えてなりません。そこからは、「過去に学ぶ」という姿勢が出てきにくいのではないでしょうか。

過去を直視しない日本人

こう言うと唐突かも知れませんが、日本人は、一般に過去を直視しない人々なのではないか、という気がします。ひところ、東日本大震災や福島の原発事故をめぐる会議に関して、きちんとした議事録が作られていないことが、話題になりました。議事録が作られていなければ、何が話し合われたか、何が決まったかわからない、ということは、子どもでも理解できます。おそらく、作るのを忘れたのではなく、作ることを意図的に回避したのでしょう。

国や自治体には、公文書館が置かれています。過去の国の記録を納めて保存する国立公文書館の整備状況は、日本の場合、アメリカはおろか、中国、韓国にも及びません。ひところ、日本の歴史資料を、日本でなく、アメリカの国立公文書館で探した、などという話がありました。そんな堅苦しい世界の話でなくても、日常生活や一般のお付き合いの中でも、ある人が別の人の昔のことをあげつらうと、「そんな古いことを持ち出して」などと嫌な顔をされます。そうした発言は、しかし、その場の共感を得ることが多いようです。

公文書館も、図書館も、過去の文献や記録を永く保存して、後世の利用に供するという目的で作られています。こういう施設が社会に根付くためには、過去に対する畏れや尊重の心が必要なのだと思います。それと同時に、過去をありのままに認めて、それを記録してゆくという態度が求められるのです。過去についての記録は、書き直すことはできても、過去そのものは、改ざんすることはできません。ところが、日本では、過去の記録の都合の悪い部分は、改ざんしてもよいくらいに思われているようです。

データベースというコンピュータ時代の「電子文書館」も、その発想は、同じだと思います。アメリカは、世界で最もデータベースの発展した国のひとつです。その昔、アメリカ人の情報コンサルタントから、「データベースはもっとも民主的な情報システムだ」という意見を聞いたことがあります。たとえ、自分にとって不利な内容であっても、過去の記録を尊重することが、市民社会のスタートラインにある倫理観なのでありましょう。

そう考えてくると、今の世界における日本の立場についても、納得がゆく気がします。「過去を直視する」ことを求める近隣諸国に対して、過去を水に流すのが好きな日本人は、過去を問題にするアジアの人々と、そもそも波長が合わないのかも知れません。戦後処理や外交案件も、こうした基本的な国民意識や態度のすり合わせ無くしては、解決が難しいのではないでしょうか。

情報を記録する意味と記録の改ざん

前述したように、日本は、過去の歴史にキチンと向き合わない、と近隣諸国の政治家や人々から言われることがあります。そのことの当否は、ここでは論じません。しかし、より根本的な問題があります。それは、歴史に向き合うためには、歴史がキチンと記録され、残され、国民の共有資産になっていなければならないということです。しかし、日本では記録が、キチンと残され、利用可能になっているのでしょうか。それに対する重要な脅威が、記録の改ざんです。

あるとき、日本の機械メーカーが、航空機の座席のテストデータを改ざんしていたと報道されました。座席製造の過程で、耐火性や強度などの検査記録を改ざんしたり捏造したりしたなどということです。くだんの座席は、すでに一〇〇〇機納入されたそうです。事実なら、航空機の乗客の安全にかかわる由々しき事態です。

新聞記事データベースで記事を検索すると、これまでにも、電力・原子力、製鉄・機械、製薬などの企業で、同様のデータ改ざんが起こっていることが分かります。食品の製造年月日データやマンションの耐震強度データの改ざんなどの事件は、いずれも記憶に新しいところです。

しかも、問題を起こしたのは、ほとんどの場合、わが国を代表する有名企業です。さらに、驚くべきは、大学などの教育・研究機関、はては年金を扱う組織でも、こうしたことが起こっていることです。こうなると、一部の問題組織が起こしたというより、日本の「お家芸」かと、自嘲したくもなります。

「論語」の子張第十九に「小人の過つや、必らず文る」とあります。文るは、「かざる」と読み、「飾ってごまかそうとする」「言い訳を考える」の意だそうです。これは、お隣の中国の話でしょうが、過去を直視しようとしないのは、日本も同じです。つまり、都合の悪いことが起こったとき、その事実をそのままに認めないで、記録を改ざんすることによって、過去を抹殺あるいは修正しようとするのです。このような風土では、正しい記録が作成・保存されることは、極めて困難なことと言わざるを得ません。

もうひとつ、別の事情もあります。日本では、「情報を整理してあとで使う」という行為や仕事は、徹底的に冷遇されてきたように思われます。データベース、記録管理、アーカイブズなどというのは、そのための手法や装置ですから、こうした環境下では、重要視されません。それどころか、組織防衛にとって「邪魔者」なのかもしれません。

目先の実利を重んじるこの国では、記録を作ってそれを蓄積することなど、本来の「仕事」に比べて、よけいな瑣事なのでしょう。日本でも、ナレッジマネジメントとか情報共有の推進とか「暗黙知を形式知に」等のかけ声のもとに、これに沿った動きが出てきてはいます。しかし、「情報を整理・保存することに価値を見いだす」という根本のところでコンセンサスがとれていないために、形だけのものになったり、一過性のブームで終わったりしているように感じられます。組織における記録管理という営為は、単なるコスト項目ではなく、当該組織や社会全体のための知識情報資産の形成なのです。将来に対するかけがえのない投資といってもよいのです。

ドイツの文豪シラーは、「現在は、矢のように飛び去り、未来はためらいがちに近づき、過去は、永遠に静かに立っている。」と言っています。わたしたちは、「正しい」記録や文書を通じて、過去に対する「畏れ」と「愛おしみ」を持ち続けなければならないのです。

関係を記録する

研究にせよ、新しい事業やプロジェクトにせよ、私たちは「発想」というと、つい無から有を産み出すようなことばかり考えてしまいがちです。本当にそうなのでしょうか。ジェームス・W・ヤング『アイデアの作り方』（阪急コミュニケーションズ、一九八八）にもあるように、発想というのは、実は、無関係に見える複数の事柄の間に、なんらかの関係や関連を見出すことなのだと思います。関係の発見ということになると、さまざまの事象についてのデータを集めて分析することが大事です。そのための方法論も、豊富に用意されています。これは、先験的には事象間の関係が明確になっていない社会現象にメスを入れるとき有効なことは、よく知られています。

一方、人間や企業が何かを作るときのように、ある理由があって人工的な成果物ができてくることがあります。たとえば、ある設計思想や方針の下に、クルマを製造するような場合です。こうしたケースでは。設計思想と出来上がった製品の間には、明確な関係や意図が存在することになります。かつて自動車会社の人に聞いたところによると、社内で情報として残されているのは、設計図やＣＡＤデータのような製品の最後の姿を示すものが多いのだそうです。

そうなると、どうしてボディをこのような形にしたのかとか、窓のスタイルをなぜそのようにしたのか、などの理由付け、設計コンセプトは明確にはなりません。結果から推測することはできますが、絶対確実にそうだと言えない場合も多いと思います。こうした点が分からないと、結局、製品の改良や新製品の開発に支障をきたすことになります。

このようなとき、もし設計者のメモや心覚え、業務日誌などが残されていたら、そこに私たちは、上記の問題の解答を得ることが期待できるでしょう。ただ、注意しなければならないのは、日誌のようなものには、「行動」を記すことはあっても、「思考」や「思考経路」を示すことは少ないということです。とくに、日本では、記録を残すことは、「業務外」のことだという伝統的通念があって、そもそも物事や業務の記録すら作られないことも、しばしばあります。皆さんも、議事録を作らされたことがあるでしょう。日本では、議事録つくりなどは、重要でない雑事の最たるものとされているのです。

最後に、怪しげな「関係論」を紹介しておきましょう。

モーツァルトの最後の交響曲であるジュピター・シンフォニーでは、フィナーレの主題を構成する「ド・レ・ファ・ミ」の四つの音が、この楽章の壮大なフーガのテーマの冒頭を形成しています。この「ド・レ・ファ・ミ」の四音の順序は、ブラームスの一番から四番までの交響曲の基音の並びに等しく、これを一度下げればシューマンの四つの交響曲にも該当します。そこで、大天才モーツァルトは、音楽におけるある絶対的な音の順序を、ここに示したのだという議論があったそうです。しかし、ブラームスはともかく、シューマンの場合は交響曲の番号は、作曲順を必ずしも表していません。これなどは、天才モーツァルトを神格化し、彼の筆になる旋律は、もう、それ自体が天の啓示であるかのごとくにいうモーツァルト崇拝者の願望や信仰を表したものなのかも知れません。もちろん、モーツァルト自身がこれについて書いていれば、すべては解決するのですが。

あなたも、是非、自分の思考過程をメモに残してください。きっと、後になって役に立つでしょう。あなたが、自分で過去を振り返るときに役立つし、もし、あなたが大人物になったときには、伝記作者が重宝します……。

議事録の不作成

先年、テレビで衆議院予算委員会の中継を見ていたら、野党議員が質問に立って、政府が震災・原発事故後の対応を検討する会議で議事録を作成していないことを追及していました。「公文書管理法」（公文書等の管理に関する法律）の第四条では、「行政機関の職員は、第一条の目的の達成に資するため、当該行政機関における経緯も含めた意思決定に至る過程並びに当該行政機関の事務及び事業の実績を合理的に跡付け、又は検証することができるよう、処理に係る事案が軽微なものである場合を除き、次に掲げる事項その他の事項について、文書を作成しなければならない。

一　法令の制定又は改廃及びその経緯

二　前号に定めるもののほか、閣議、関係行政機関の長で構成される会議又は省議（これらに準ずるものを含む。）の決定又は了解及びその経緯（以下略）」と規定されています。

確かに、この条文からは議事録作成を義務付けているものではない、と強弁できるかもしれません。事実、当時の首相は、同じ委員会で、「議事録作成までは、法的に求められてはいない」と答弁しています。しかし、社会通念からしても、会議や打ち合わせを行ったら、議事録を作るのはあたりまえのことです。会議の参加者には、議事内容の確認のため、欠席者や部外者には、議事内容の通知のためです。記録としての意味もあります。

ところが、上記に関連する複数の会議の中には、議事録はおろか、議事概要すら作られないものもあったといいます。これに対し、首相や副総理は、今後早急に作ると答弁しましたが、どこの世界に一年も立ってから議事録を作るなどという話があるでしょうか。大学の私のゼミですら、授業終了後に三年生が議事録、実際のところは議事概要を作成して、ゼミのメーリングリストにアップして、皆に知らせています。これは、内容を、ゼミ生の皆で共有すると共に、社会に出て議事録作りを指示された時に、備えているのです。議事録作りは、新人の仕事で、組織や仕事の状況を覚えるのに格好の教材だからです。しかし、公務員は議事録を作らないものだとなったら、一体どうなるのでしょう。

今回の事態に対し、官僚組織の責任回避志向を理由にあげる向きもあります。過去を直視することが苦手な日本人の国民性が投影している、という観測もあるかもしれません。ハッキリ言うと、この国では、どうも、過去に拘泥すると、仲間に嫌われるようです。「昔のことは、水に流して」などと言うのが美風なのです。いずれにせよ、議事録不作成は、特定の政党や組織の問題ではなく、日本の社会慣習や精神風土に根ざしている現象であろうことに注目してほしいものです。

2 情報を記録する意味

記録がなかったための悲劇

記録を作成して適正に処理しなかったために生じた悲劇もあります。[注6] 一九九〇年一一月、新潟県三条市において九歳の少女が、誘拐され、誘拐した男の柏崎市の自宅増築部分に九年二か月のもの長期間、監禁された事件が起こりました。被疑者は、母親と二人暮らしでしたが、自宅増築部分には、別に出入り口があったため、このように長期間、監禁の事実を隠すことが可能だったのです。

平成一二年三月一三日付で新潟県警本部が作成した「女性監禁事件をめぐる一連の不適切事案等に関する検証結果報告書」によると、被疑者が、この事件の一年半前に起こした強制わいせつ事件に関して、警察が、手口資料を作成していなかったといいます。そのため、この被疑者についての犯歴データが、データベースに入力されず、事件の捜査対象から漏れてしまう結果になってしまいました。さらに、被疑者の母親が、以前、柏崎警察署に相談に訪れ、対応したが、その時の記録が発見されていないとのことです。記録そのものが作られていない可能性もあります。

これは、まさに記録の不作成が不幸な結果をもたらした例と言えます。「たかが、記録作成」というような意識が、当事者の間にあったのかも知れません。警察に限らず、日本の組織風土では、そもそも、記録を作ってそれを蓄積することなど、本来の仕事に比べて、よけいな瑣事だったのだと思われます。私も若いころ、ある企業で働いていた時、一生懸命、出張報告書を作っていると、上司から「そんなもの、適当でいいんだよ。早く本来の仕事をやりなさい。」と言われたことを覚えています。当時は、そんなものかと思いました。しかし、こうした企業風土、組織の共有観念が、致命傷になることもあるのです。コンピュータが自動的にやってくれると考えるのは早計なのです。記録の作成は、人間でなければできない仕事の一つとして残るでしょう。

注6　以下の記述は、新潟地方裁判所「平成一二年（わ）第五一号、平成一二年（わ）第二一五号、略取、逮捕監禁致傷、窃盗被告事件　判決」二〇〇二年、読売新聞二〇〇二年一月二三日付け東京朝刊、毎日新聞新潟支局編『新潟少女監禁事件──空白の九年二ヵ月』新人物往来社、二〇〇〇年　などによる。

事故を記録する

日本でも、過去を記録する施設が作られています。その一つが、「JR東日本総合研修センター」内に作られた「事故の歴史展示館」です。「企業は人材によって支えられ、成長する」というJR東日本グループの考え方を、実現するための施設の一つとして、福島県白河市に開設されました。東北新幹線の新白河駅から五㎞の距離にあり、シャトルバスで一〇分の距離にある約五〇万㎡の広大な敷地に、本館（七階建て、宿泊室五五八室、最大一二二四人収容）、経営研修棟（三階建て、宿泊室五二室、五二人収容）、世帯用社宅（三階建て、一〇戸）、単身用社宅（五階建て、八六室）の建物が建っています。そのほかに、乗務員や設備関係実習のための「実習線路施設」があります。宿泊は、研修生のためのものであり、社宅は、センターの職員のためのものです。年間の研修生は、すべて宿泊研修だそうです。

「私たちが鉄道の安全確保のために日々使っているルールや設備は、すべて過去の痛ましい事故の経験や反省に基づいてできあがったものです。……この施設は、過去の事故を忘れることなく、尊い犠牲の上に得られた貴重な体験として大切に引き継ぎ、安全に対する基本姿勢である『事故から学ぶ』ことを目的に開設しました。」(二〇〇二年一一月、代表取締役社長　大塚陸毅)との言葉が、この歴史館の目的を示しています。

ここでは、旧国鉄、JR各社、私鉄各社の事故のうち以下の二五の事故について、事故の原因、事故の状況、事故後の対策をパネルで展示・説明しています。

【衝突・脱線/信号冒進】

「三河島事故」(一九六二)

常磐線三河島駅構内で起きた貨物列車と上下の電車による二重衝突事故。死者一六〇名に達する大惨事となった。

「平野駅列車脱線事故」(一九七三)

「東中野駅列車衝突事故」(一九八八)

ＡＴＳの扱いが問題となった事故。

「来宮駅列車衝突事故」（一九九二）
「大月駅列車衝突事故」（一九九七）
【衝突・脱線／保守作業】
「磯原～大津港間列車脱線事故」（一九八九）
「滝沢駅列車衝突脱線事故」（一九九四）
【衝突・脱線／閉そく扱い】
「信楽高原鐵道列車衝突事故」（一九九一）

単線区間で信楽高原鉄道の列車とＪＲ西日本からの乗り入れ列車が衝突し、死者四二名の大事故となった。一つの閉そく区間に、二つの列車を入れてしまった人為的ミスが原因とされる。

【衝突・脱線／複合脱線】
「営団日比谷線列車脱線衝突事故」（二〇〇〇）

中目黒駅近くで、脱線した上り電車に下り電車が衝突、原因は車両その他の設備が複雑に絡んだものとされる。

【衝突・脱線／信号】
「赤羽駅列車脱線事故」（一九七三）
「仙台電車区列車脱線事故」（一九九〇）
【衝突・脱線／踏切】

「友部里道踏切事故」（一九九三）
「大菅踏切事故」（一九九二）
【衝突・脱線／ブレーキ装置】
「関東鉄道取手駅列車脱線事故」（一九九二）
　ブレーキの故障で、列車が止まれず駅ビルの壁に激突。
【衝突・脱線／災害】
「六原駅列車転覆事故」（一九八八）
「余部鉄橋列車転落事故」（一九八六）
　強風にあおられて列車が高さ四一mの鉄橋から転落して、死者六名が出た。死者の数が少なかったのは、回送列車だったからだと思われる。
【労働災害／触車】
「水戸駅触車事故」（一九九三）
「鹿島台駅触車事故」（一九九三）
「青柳駅触車事故」（一九九八）
「山手貨物線触車事故」（一九九九）
【労働災害／感電】
「藤田駅感電事故」（一九九七）
【モラル／飲酒】

「西明石駅列車脱線事故」（一九八四）
　特急電車の運転士が酒気帯びで居眠り運転をし、制限速度を超えて脱線した。

【火災／列車火災】
「桜木町列車火災事故」（一九五一）
　工事ミスで垂れ下がった電線に電車が接触し、木造電車に引火して焼け、閉じ込められた乗客一〇六人が炎の犠牲になった。当時の劣悪な車両構造や材質が、事故を大きくした原因と言われた。
「北陸トンネル列車火災事故」（一九七二）
　長いトンネルの中ほどで、急行列車の食堂車から出火し、排煙ガスで三〇人が死亡した。
「アルカディア号列車火災事故」（一九八八）

　こうしてみると、事故の原因は、さまざまで、原因が明確にわかるものもあれば、今に至るも原因が謎に包まれているものまであります。その中身は、設備に主要因があるもの、天候が原因のもの、職員の操作ミスによるもの、職員のモラルに関わるもの、などです。いずれにせよ、ヒューマンファクターは重要で、いずれの場合でも、列車防護、つまり、付近の列車を止めて、事故現場に他の列車が入ってこないよう処置することが、事故の拡大を防ぐために決定的に重要であるとされています。この点で、不幸中の幸いだった事故もあるし、最悪の結果を招いた事故もあるといいます。いずれにしても、ここに見られるように、事故は、原因から見て、ある程度類型化できると思われ、そのことが記録を、現代や未来に生かしてゆくことが可能であることを示していると思います。

企業の社会的責任

私は、実を申し上げると、ひとりの鉄道ファンなのです。それも、車両や駅などの設備ではなく、いわばシステムとしての鉄道を偏愛する者なのです。いくつもの列車が競合あるいは、協力して運行するさま、ひとりの乗客としてそれらにどう乗り継いで自分にとっての最適化を果たすか、沿線の状況から何を得て感じるか、などのテーマに関心があります。こうした鉄道システムが破綻をきたしたものとして、当然、鉄道事故にも大きな関心を抱いています。関心を抱く、とは不謹慎かもしれませんが、今後そのような事故を繰り返さないためには事故の徹底的研究が必要なことも事実だと思います。

先日も伊勢神宮参拝の途次、一九五六年に修学旅行中の高校生らが犠牲となったまことに痛ましい参宮線事故の現場である、三重県のＪＲ六軒駅を通る際に祈りをささげました。私は、終戦の翌年である一九四六年三月の生まれです。ところが、不思議なことに、一九五一年四月二四日に起こった国鉄電車の火災事故である桜木町事件の新聞を見た記憶を鮮明に覚えているのです。わずか五歳一か月で新聞記事を見て覚えているというのは、実に不思議で、もしかしたら後になって見たのかもしれませんが、高架線の上で、不気味に立ち往生して、黒煙を上げる京浜線（京浜東北線）電車の写真は、長く深く脳裏に焼きついています。一九五一年四月二五日の朝日新聞朝刊の第一面を見ると、確かに「桜木町駅　国電火を噴く」の見出しのもとに、くだんの写真が載っています。

「事故の歴史展示館」を見て、何よりも感心したのは、そこに確固としてある、過去の失敗や問題を正確に把握し、そこから教訓を得て今後に生かすという姿勢です。これは、もちろん、過去を改ざんせず、あるがままに受け入れるということでもあります。記録というのは、正にそのために作成、利用、保存されるべきものだと思います。よしんば記録を改ざんしたとしても、そこにある過去まで、塗り替えることはできないのです。

それと同時に大事なことがあります。それは、どんなに高度なシステムであっても、かならず事故や破綻は起こる、もしくは、起こる可能性を排除できないということです。科学技術に絶対の無謬性を求めることが、いかに間違っているかは、今回の福島県の原子力発電所の事故で、私たちがいやというほど、感じさせられたところです。しかし、私たちの現代の豊かな生活は、科学技術の発展の上にあることも事実なのです。科学技術に対して、正当な評価と畏れや謙虚さを持つことは、大事なことでありながら何と難しいことでしょうか。

そのように考えると、過去の事実をあるがままに提示して、過去に学ぼうとするための施設が、会社が違うとはいえ、原発と同じ福島県にあることは、何とも皮肉です。今こそ、私たちは、「過去にきちんと向き合わない」「技術に無謬性を求める」といった宿弊から脱却すべき時です。このJR東日本の施設にならって、いくつかの企業が同種施設を作ったそうですが、いま、真っ先に「事故の歴史展示館」を作ってほしい企業は、ほかならぬ、かの東京電力です。かつて名経営者と称された福島県出身の木川田一隆元東京電力社長(在任一九六一年〜一九七一年)が、もし存命なら、おそらく、そのような決定をしたのではないでしょうか。

木川田元社長は、人材開発や人事・研修について、以下のように書いています。[注7]

「一つの企業という部分社会内で、人間性を尊重し合い、その生活感情を通わして共同意識を高め、働く人間としての創造性の喜びを培ってゆくことは、ヒューマニズムの高い精神であるばかりでなく、会社全体として活発な経営活動を期待する、今度の経営改革の最も根源的なモチーフであった。」

さらに、企業経営と社会について、以下のように記しています。

「わたくしの子供のころ、医者の父はどんな吹雪の晩でも、遠近を問わず、急病人があれば、必ず出かけた。そして父の口から愚痴一つ聞かなかった。家業を継いだ兄もまたその通りだった。(中略)時代がどう変わっても、新しい社会の進歩のためには、新しい奉仕の精神―それ

は社会的な精神といってもよいであろう—が尊ばれねばならないはずである。」（出所同前）

事故は、もちろん、防いで起こさないようにすることが第一です。しかし、不幸にして起こってしまった場合、それを、丹念に分析して、そこから教訓を引き出し、今後に活かすことが大事なのです。しかし、そのためには、きちんとした記録が作られなければならないのです。

注7　木川田一隆『私の履歴書』「私の履歴書　経済人一三」日本経済新聞社編　日本経済新聞社、一九八〇年、五—七九ページ

情報が消える

コンピュータやインターネットに代表されるＩＴ（情報技術）の進展によって、我々が作る文書や情報は電子媒体（メディア）で保存されることが多くなりました。しかし、こうした情報は、いつまでも保存されてゆくのでしょうか。電子媒体は、そこに記録された情報の恒久的な存在を、保証するものなのでしょうか。これをめぐっては、さまざまな問題があります。

ひとつには、媒体の物理的特性です。たとえば、ハードディスクは、磁気を利用して記憶を行っているため、その記録寿命は、せいぜい数十年とされています。これとて、途中でディスク・クラッシュが起こらないときの話です。皆さんの中にも、もしかしたら、パソコン内の

データが一瞬にして消えた、苦い経験を持っている人もいるかもしれません。

さらに、こうした媒体上の情報を読み取る機器も、永続的に利用できるとは限りません。ひとつの例は、磁気テープに記録されたデータで、たとえばアメリカでは、国勢調査の重要な遡及データに、もう読めないものがあるといいます。ハードウェア、つまり情報を読み取る機械そのものが消滅しつつある場合もあります。たとえば、かつては、文書作成ではワープロ（専用機）が大活躍していました。いまや、パソコンによる文書作成ソフトの普及の前に、ワープロは生産中止に追い込まれました。かつてお役所でワープロ入力された文書が、果たして今でも読めるのかと心配になります。

そのパソコンの文書作成ソフトにしても、ソフトそれ自体の頻繁なバージョンアップやＯＳ（基本ソフト）の変更によって、古い版で作った文書が、数十年後も読めるという保証はあるのでしょうか。だいたい、あるソフト会社が、企業として永続的に存在するなどと、言えるのでしょうか。

これに対して、印刷物である本は、ずっと長い寿命を持っていると考えられます。それとても、酸性紙問題が示しているように、紙の寿命やインクの性質によっては不安定になります。皮肉なことに、和紙に墨で書かれたものは、一〇〇〇年以上経過しても、その内容を読み取れることが検証されています。このことによって、私たちは昔の人の考えや彼らが残した文学作品を味わうことができるのです。紙で残っているからこそ、書簡集としてまとめて、ベートーヴェンや夏目漱石の思想を知ることができるのです。現代のｅメールを編んで、書簡集が作れるのでしょうか。

そう考えてくると、このＩＴ時代の文書や記録は、一〇年後ですら、読める状態で残っているかどうか疑わしいのです。記録が保存されないということは、人類が知恵を積み重ねて進歩してゆくことができないことを意味します。これまでの学術の進歩は、他人の成果が文献や記録に残され、それを読んで理解することによってそこからスタートし、その上で新しい発見や成果を付け加えることによって実現されてきました。学術だけにかぎりません。政府や自治体の政策も、過去の記録に基づいて行われますし、企業の活動ですらこれまで入手した情報に依拠しているのです。個人の精神生活だって、文学・歴史・哲学などの古典によって随分豊かになっているのではないでしょうか。

印刷された書物は図書館で保管され、書かれた文書は文書館で保存されています。こうした仕組みは、インターネットや電子情報の世界では、まだ極めて不十分なのです。

現代社会は、新しい情報を生産したり、発信したりすることに躍起になっていて、すでに生産された情報の保存にはあまり関心がないように見えます。このことは、文化や人間精神を軽視する風潮を生み出すかもしれません。私たちは、今生きているという「あかし」を、一〇〇年後、一〇〇〇年後に残すためにどうしたらよいかを、真剣に考えなければならない時に直面しているのではないでしょうか。[注8]

注8　インターネット上の情報を保存するプロジェクトとして、国立国会図書館による「インターネット資料収集保存事業（ＷＡＲＰ）」などがスタートしている。

3　情報蓄積の思想

コミュニケーションの不安定性

人間の世界における情報のやりとりを、情報の送り手と受け手の間のコミュニケーションととらえると、これには、図表9に示すような種類があると考えられます。

第一は、同時代人との間のコミュニケーションです。①で示します。これは、会話、電話、電子メールなどによって行われますが、これは、双方向的であるので、意味の上で若干の行き違いがあっても、お互いの使う語の意味を質問・確認しながらコミュニケーションを行うことができます。思いついた言葉、つまり自然語を使いながら、会話を行っても不都合はありません。とくに、同一学問分野においては共通に使われる専門用語（術語）が、コミュニケーションの確実性を大きく助けます。

第二は、過去に書いた日記を書いた人自身が今読むといった、同一人の間のコミュニケーションです。②で示します。同一人であるため、時間はたっても、語の使い方や概念の構造は余り変化しないので、意味を間違って受け取ったり、解釈に困ったりすることもさほど起こらないと思われます。この場合も、自由に書いた言葉（自然語）だけで、基本的には、内容が通じます。ただし、後で述べるように、「将来の自分は他人」ということもあるので、背景説明は、丁寧にする必要があります。

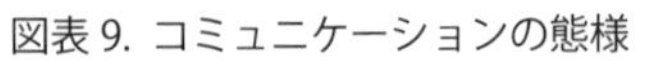
図表9. コミュニケーションの態様

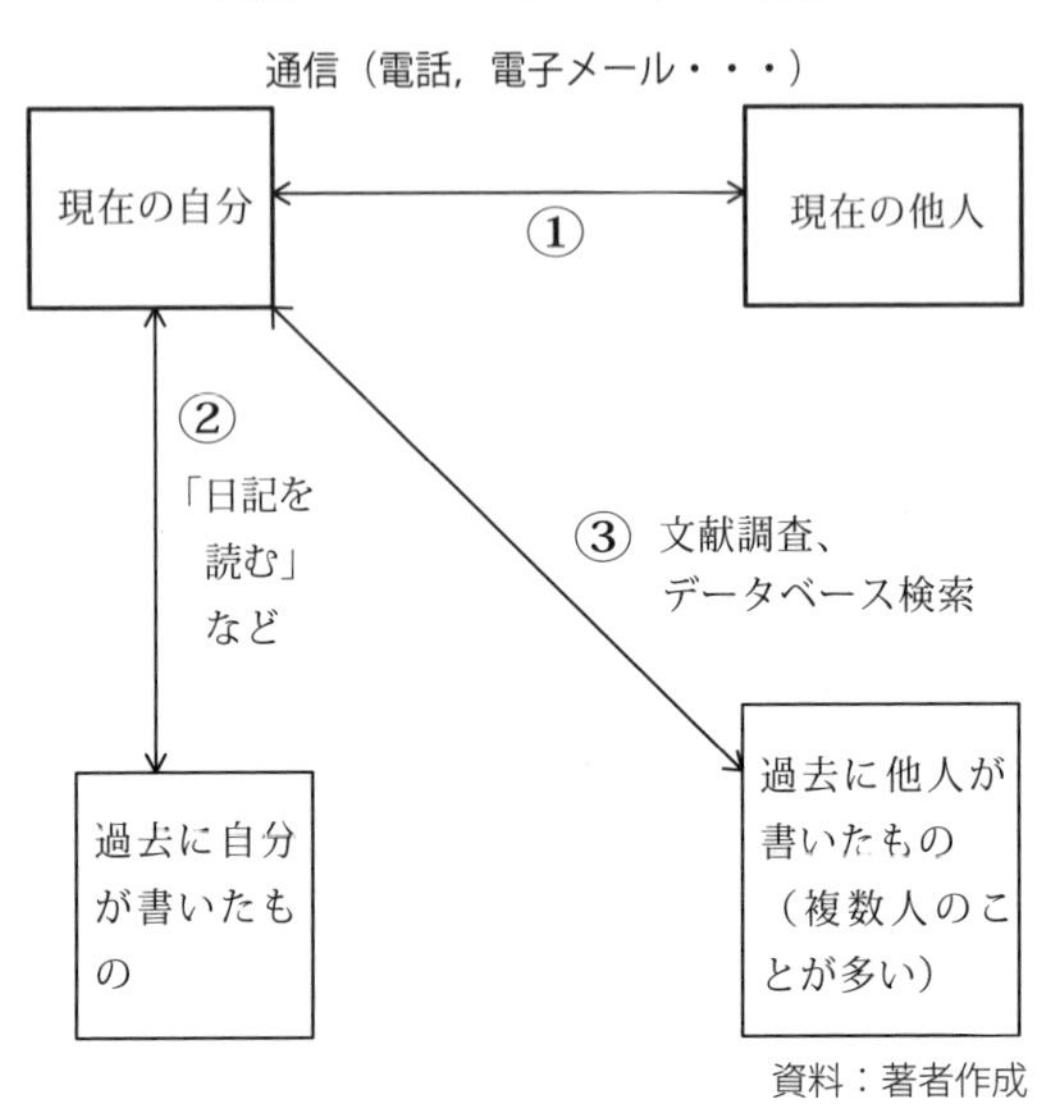

資料：著者作成

第三は、違う人が違う時代に書いたもの、つまり文献を、別の人が今読むという種類のコミュニケーションです。③で示します。この場合は、見かけ上は同一の語を使っていても、語の意味・使い方や概念との対応が異なっている可能性があります。たとえば、本に「情報」という語が使ってあっても、その本を読んでいる人が考える「情報」とは異なる意味で使われているかも知れません。しかも、読者がそのことをいちいち著者に確認する方法が実際上ほとんど存在しないのです。したがって、一つのキーワードで多数の文献を検索したときなど、同一の語についての意味づけや使用法、概念との対応が、はなはだしい場合、著者の数だけ異なることになります。その場合も、文書全体を見れば理解できるかもしれませんが、キーワードやタイトルだけで文書を代表させたときには誤ったコミュニケーションに陥る危険が大きくなります。

現在のインターネットの検索エンジンによる検索の最大の問題点は、同時代の人間同士のコミュニケーションに使われる方法を、そのまま、蓄積された情報の検索に適用することにあると言えます。つまり、全文の自然語検索は、語の使い方が、人によって変化することや、多義性があることや、時代の移り変わりが反映することを、すべて無視していることになります。

実のところ、インターネット上のような膨大な情報群の中から、自分が本当に求めている情報が引き出されるのは奇跡に近いのかも知れません。とくに、固有名詞以外の一般名詞の場合、特に特定の事物を示すのではない抽象名詞（学術研究等において重要な検索項目となる現象、行為、政策、反応、結果、法則）には、こうした状況が当てはまり、情報検索行為そのものの信頼性を損なうことになりかねません。全文の自然語検索は、語の使い方が、人によって変化することや、多義性があることや、時代の移り変わりが反映することをすべて無視していると言わざるを得ません。

インデクシング（索引作成）の必要性

そうした困難を克服するためには、目的の情報をあとから探す（＝検索する）ためのなんらかのキーを、個々の情報に付けておくというやり方があります。このキーは、通常簡潔な言葉で表され、キーワードなどと呼ばれます。このキーワードが適切に与えられているかどうかが、あとで検索するときの効率を大きく左右するのです。どんなにすぐれた情報検索システムをもってきても、キーワードの与え方が不適当だと、効果的な検索を行うことは困難です。キーワードの代わりに、分類記号を与えることもあります。この場合は、分類が、探すための手がかりになります。

キーワード付与というこの大切な作業は、索引作業もしくはインデクシングと呼ばれています。よいデータベースの条件は、含まれている情報の内容がすぐれていることとともに、そのデータベースにおける索引作業が妥当であり、信頼性があるということにも大きく関係します。

ここにおいて索引作業、特に語の意味を限定し、概念との対応づけを明確にし、それを用語集という形でコミュニケーションのためのツールとして利用する分類やシソーラスなどの考え方が、効果を発揮することになります。図書館では、資料を分類して配置提供することによって、利用者が資料を探しやすくするようにしています。多くのデータベースには、語の意味関係を限定するシソーラスの手法や考え方が組み込まれています。これらは、時間と空間を超えた言語によるコミュニケーションの精度や効率を保証するための仕組みなのです。つまり、図書館やデータベースは、過去の情報や記録を現代に呼び戻すための必要不可欠な社会的ツールなのだと言えましょう。

シソーラスの威力

キーワードをつける場合まず考えられるのは、表題中の言葉や内容を表す言葉を自由に与える方式です。これを自然語方式あるいはフリーキーワードといいます。この方法はインデクシングの作業が楽なのですが、問題もあります。たとえば、こんな場合はどうでしょうか。ここに自動車について書かれた一群のいろいろな文献があるとします。インデクシングの作業は何人かで行うのが普通です。すると、人によって同じ内容を表すのに「自動車」とつけたり、「クルマ」としたり、あるいは「カー」と振る可能性があります。そこでこのデータベースを検索しようとして、「自動車」と入力すると、もともと〝自動車〟と振られた文献は拾われますが、その他のキーワードがつけられた文献は（まぎれもなく自動車のことを述べているにもかかわらず！）検索結果から落としてしまいます。

こうした事態を避けるには、ひとつのデータベースでは、同じモノ、概念を表す言葉をひとつに決めておけばよいのです。この場合は、例えば「自動車」をそうした登録語にしておくのです。（こうした登録語のことを「ディスクリプタ」と呼んでいます。）そして、ディスクリプタのリストを予め作っておいてインデクシングの際に、辞書のように使うのです。また、ディスクリプタでない言葉（この場合は「クルマ」、「カー」）を思いついた人が、正しいディスクリプタにたどりつけるためのガイドもそのリストにつけておくと便利です。こうしたリストを「シソーラス」（thesaurus）といい、インデクシングと検索の両方の時点で同じシソーラスを使えば検索の洩れを防止できるのです。この例の場合を、シソーラスは、図表10のような形で表します。

このシソーラスで、〝カー〟、〝クルマ〟、〝自動車〟を「見出し語」といい、五十音順に配列します。そのうち、「＊」のついているのが非ディスクリプタで、ついていないのがディスクリプタです。インデクシングや検索のときに〝自動車〟という言葉を思いついた人は、そのまま使ってよい

図表10. シソーラス(1)

＊カー
USE　自動車

＊クルマ
USE　自動車

自動車
UF　カー
UF　クルマ

のですが、〝クルマ〟を思いついた人は、これは＊がついている から非ディスクリプタでキーワードとしては使えないことがわか ります。その代わりに、USEの指示に従って、〝自動車〟を使 えばよいのです。〝カー〟の場合も同じです。こうした同義語処 理によって検索の効率が大きく上がるのです。

このシソーラスにはもうひとつ大事な役割があります。それは、キーワード間の階層関係の定義です。そんなことが、データベースの構築や検索に一体どんなかかわりがあるのでしょうか。

例えば、以下のような情報を含むデータベースを考えてみましょう。図表11で文献番号の後についているのは、その文献の内容を示す言葉（キーワード）で、検索の対象になります。

今、ある人が、さまざまな種類の自動車のことに関心があってこのデータベースを検索したとします。この人は、まずは「自動車」というキーワードで探すでしょうから、文献4のみがヒットします。しかし、考えてみてください。乗用車やトラックは紛れもなく自動車（あるいはその一種）なのです。これらについての文献が洩れてしまっては、所期の検索目的は達せられないかも知れません。

このようなことがおこったのは、「自動車」というキーワードと、「乗用車」、「トラック」と

図表11. データベースの情報の例

文献	キーワード
文献１：乗用車　普及	
文献２：乗用車　価格	
文献３：トラック　物流	
文献４：自動車　輸送	
文献５：航空機　エンジン	

図表12. シソーラス(2)

自動車

UF　カー
UF　クルマ

NT　乗用車
NT　バス

いったキーワードが、システム上で無関係に並置されているからなのです。こうした事態を解決する一つの方法は、語と語の間の立体的つまり階層的関係を事前にシソーラスで定義しておくことです。つまり、前述の諸キーワード間には、図表12のような階層が存在すると考えられます。

〝NT（Narrower Term）〟という記号は、下位語（概念の上でより下位に来る言葉）のことを示します。〝BT（Broader Term＝上位語）〟はその逆です。インデクシングする（＝キーワードを振る）時と、検索する時とに同じシソーラスを用いれば、検索の効率は飛躍的に向上することが期待されます。そして、この例で言えば、「乗用車」というキーワードをつける人は、その上位語である、「自動車」も一緒に振っておくことにするのです。

これをアプ・ポスティングと言い、シソーラスをデータベース・システムに組み込んでおけばこの作業を自動的に行わせることもできます。このようにしておけば、さきほどの人は、「自動車」と入れるだけで、文献１から４までをすべて拾い出すことができるのです。

分類恐るべし

分類というと、皆さんは何を想像するでしょうか。多くの公共図書館で使われている『日本十進分類法（ＮＤＣ）』を想起する人もいるでしょうし、『日本標準産業分類』のような社会経済の分析に必要なものを頭に浮かべる人もいるでしょう。分類は、社会の動きを映す鏡でもあります。実際、『日本標準産業分類』の平成一四年三月の改訂を見ると、細分類項目として、「パーソナルコンピュータ製造業」、「衛星放送業」、「ペット・ペット用品小売業」などが新設される一方で、「銅鉱業」、「寒天製造業」、「絹紡績業」などが廃止されています。まさに、産業の盛衰そのものではありませんか。このように、産業分類の歴史は、何年か遅れで産業構造の変遷を示しているといっても過言ではありません。

分類は、モノや情報を整理するのに役立ちます。私たちは、モノをうまく分類できた時、「仕事が片づいた」と思うのです。また、分類することそれ自体が、立派な学問研究を形成する場合もあります。生物学や人類学のような場合がそうです。企業経営のケーススタディにしても、その大きな目標は、望ましい「類型」を明確にすることではないでしょうか。それどころか、分類のあり方や分類行為そのものが、経済社会や私たちの生活そのものに大きな影響を与えているのです。

図表13. 不良債権の分類

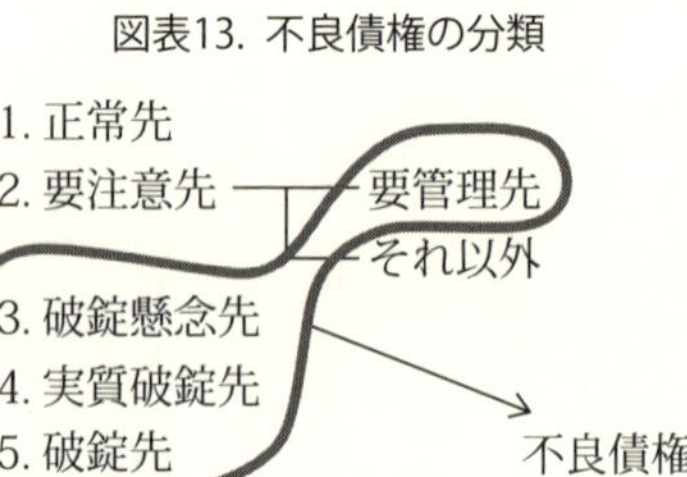

その一つの例は、以下の図表に示す、いわゆる「不良債権」に関わる分類です。

金融監督庁（現・金融庁）が平成一一年七月に発表した『金融検査マニュアル』（『預金等受入金融機関に係る検査マニュアル』）によると、債務者を「正常先」「要注意先」「破綻懸念先」「実質破綻先」「破綻先」に区分することにしています。銀行などは、自己査定により、取引先を以上の区分に従って分類します。この区分には、一部に細分類があって、要注意先がさらに、「要管理先」と「それ以外」に分かれています。普通、不良債権といわれるのは、「破綻懸念先」以下の三区分と「要管理先」に対する債権を合わせたものとされています。折角、五区分を作りながら、不良債権額を決めるには、「要管理先」という細分を持ち出さなければなりません。「破綻企業」については、三区分もあるのに、です。

これは、簡明で、できる限り階層を節約することを旨とすべき分類表としては、きわめて不合理な構成としか思えません。このことが不良債権論議に無用な混乱を来していた一因かもしれません。しかも、肝心の要管理先の定義は、同マニュアルによれば、「当該債務者の債権の全部または一部が要管理債権である債務者」というようになっています。これでは、先ほどの五区分が活きてきません。

こうしたことが、不良債権額についての江湖の不信や疑心暗鬼を呼んで、「不良債権がいくらあるのか分からない」といったきわめて原始的な議論に陥る源になっていた感をぬぐえません。議論の出発点が不明瞭では、その先の果断な処置は望むべくもありません。そうしたことが、不況からの脱出に長い期間がかかった原因の一つを形成しているとすれば、「たかが分類」とは言っていられません。まさに、「分類恐るべし」です。

図書館の分類

図書館で本を分類して置いてあることは、どなたもご存じでしょう。では、図書館では、一体どのような考え方で、図書を分類してあるのでしょう。現在、日本の多くの図書館で採用されている分類のやり方は、「日本十進分類法（Nippon Decimal Classification, NDC）」と言われています。このやり方は、以下のようなものです。

まず、図書館に本が入ってくると、図書館職員が本の内容を調べ、それがどんな分野の本であるか、どんなテーマの本であるか決めます。たとえば、この本は、「人生訓」の本だ、あるいは、この本は、「サッカー」についての本だ、この本は、「経済政策」についての本だという具合です。こうしたテーマ決めをした結果にしたがって、たくさんの本を整理して、グループに分けてゆくのです。その際、一人一人の職員が好き勝手にグループを決めていては、あとで収拾がつかなくなる恐れがあります。そのためには、皆が共通に使える分類表の存在が求められます。その一つが、ＮＤＣなのです。たとえば、情報化社会のさまざまな問題に関する本があるとすると、それに関連して、ＮＤＣでは、以下のような分類番号が準備されています。

図表14. NDCの例

007	情報学、情報科学
007.1	情報理論
007.2	歴史、事情
007.3	情報と社会：情報政策、情報倫理

資料：もり・きよし原編、日本図書館協会分類委員会改訂編集『日本十進分類法　新訂10版　1　本表・補助表編』日本図書館協会　2014年

これを見て、「００７・３」という番号を与えれば、よいわけです。そして、この本を、書架の「００７・３」の場所に配置します。どの職員でも、どこの図書館でも、ＮＤＣに準拠して分類を与えている限り、同じ番号が付き、同じ場所に並びます

さらに、こうした分類は、データベースでも威力を発揮します。試みに、国立国会図書館の蔵書データベースを、分類番号が「００７・３」の本、という条件で検索すると、以下のような書籍が検索され、出てきます。

いかがでしょうか。本の題名は、さまざまであっても、情報と社会、あるいは、情報化社会の問題を論じた本が、いっぺんに出てきます。

図表15. 分類番号が「007.3」の本

1	ITロードマップ：情報通信技術は 5 年後こう変わる! 2014年版
2	アジア化する世界：ネットワークとメディアが世界をアジア化する
3	インターネットの光と影：被害者・加害者にならないための情報倫理入門－ Ver.5.
4	ウェブとはすなわち現実世界の未来図である
5	ケータイの2000年代：成熟するモバイル社会
6	サイバー・イスラーム：越境する公共圏
7	知らないではすまされないインターネット利用の心得ケーススタディ
8	10歳からのデジタル・シチズンシップ：ネットの海でもうぼくらはおぼれない
9	自分でつくるセーフティネット：生存戦略としてのIT入門
10	情報社会の法と倫理
11	情報倫理入門 -改訂新版.
12	スティーブ・ジョブズがデザインしていた未来 : アップル、アマゾン、グーグルが考える新時代のビジネスモデル
13	スマートなシステムやサービスに関する調査研究報告 : 平成25年度JEITAスマート社会ソフトウェア専門委員会. 2 -改訂.
14	ソーシャルメディアの何が気持ち悪いのか
15	その「つぶやき」は犯罪です：知らないとマズいネットの法律知識
16	第五の権力 : Googleには見えている未来
17	脱!スマホのトラブル：LINE フェイスブック ツイッターやって良いこと悪いこと
18	ツイッターとフェイスブックそしてホリエモンの時代は終わった
19	デジタルデトックスのすすめ：「つながり疲れ」を感じたら読む本
20	デジタルは人間を奪うのか

これが、図書館における本の分類の威力なのです。

図書館における分類のやり方には、ＮＤＣのほかに、科学技術分野が詳しく、論文などの分類にも向く「国際十進分類法（Universal Decimal Classification, UDC）」や「アメリカ議会図書館分類表（Library of Congress Classification, LCC）」、「デューイ十進分類法（Dewey Decimal Classification、DDC）」などがあります。

分類することの意味

分類することには、どんな意味があるのでしょうか。それはともかく、分類がいかに私たちの日常に深く入り込んでいるかを示しましょう。

たとえば、昼食時におそば屋さんに入ったとします。そのとき、まず見るのは、メニューです。品目の五十音順に並んでいるメニューというのはまずなくて、たいてい、「温かいおそば」「冷たいおそば」「丼物」「おつまみ」「飲み物」などと分類された中に、さまざまな献立が並んでいます。メニューによって、「今日は寒いから、温かい天ぷらそばを食べよう」とか、「暑いから冷たいなめこ蕎麦にしよう」「しっかり食べたいからカツ丼を頼もう」などと意思決定（大げさですね！）をします。メニューがなかったら、何を作ってくれるかわからないし、また、メニューに分類がなかったら目指すものを頼むのに、時間がかかったり非効率だったりするでしょう。

ということは、分類というものは、人間の思考のルートを示すものであり、〝情報の集まりに秩序を与える〟ものだということになります。たとえば、図書館で本を整理するのは、この方式に基づいているわけで、図書館の利用者は、分類を頼りに、あるいは、分類に誘導されて自分の読みたい本にたどり着くというわけです。文書管理も同じような考え方で、そのシステムが運用されていることは、みなさんの周知の通りです。

というわけで、分類の社会的意義は、「人間の意思決定や行動の基盤」であるということになります。そうすると、物事に対する「Yes　No」「On　Off」「やる、やらない」も分類（最小限の区分ではありますが）ですから、世の中のほとんどの政策、事業、また、人間の行為といったものは、分類することに基礎をおいていることになります。ということは、メニューの作り方が売れ行きに影響するように、分類の巧拙が政策の成果の可否を決することだって考えられます。たとえば、「後期高齢者」という分類を作った時に、その名称や意義をうまく社会に訴えられなかったばっかりに、この言葉（分類項目です）は、いまだに否定的なニュアンスで語られることが多いようです。

大学には、「法学部」「経済学部」「工学部」などの学部があります。学問の全体系の中から、分野を分担して研究教育しているとみることもできます。とすれば、これは、学問分野の分類そのものです。また、官庁には、「財務省」「経済産業省」「厚生労働省」などがありますが、これも行政事務の分類そのものです。ということは、分類は、私たちが仕事や研究をする時に、最初に意識すべきことなのです。

じつは、分類こそは、グーグル(的な情報整理)の泣き所なのです。たとえば、ネット上から「経済学」(学問の分類です!)に関連するサイトを検索するというようなことが、非常に難しいのです。経済学に関する文献を探そうと思ったら、大学の経済学部の図書室に行くか、経済産業団体の設置した専門図書館に行けば、そこが経済関係の文献や情報の集積そのものなのです。もっと狭い分野である「防災」「環境」「自動車産業」などといった分野から探す場合も同じことです。

グーグルをはじめとする、ネット社会の新興勢力のサービスでは、分類など事前に行う必要がない、言葉で検索しながら整理をすればそれで十分、という考え方が支配的なように思われます。[注9] これは、もちろん人手で分類することの非効率を回避しようという動機もあると思いますが、分類の持っている社会的意義を軽視しているようにも見えます。

注9　たとえば、以下の書籍を見よ。デビッド・ワインバーガー（柏野零訳）『インターネットはいかに知の秩序を変えるか？　デジタル無秩序が持つ力』　エナジクス、二〇〇八年。

5 データベース、電子ジャーナル、そして図書館

1　データベースの構築

データベースの概念・本質

データベースという言葉は、著作権法（第二条）では、「論文、数値、図形その他の情報の集合物であって、それらの情報を電子計算機を用いて検索することができるように体系的に構成したものをいう。」と定義されています。

これはデータベースの概念をよく表したものといえますが、その内容を分析すると、以下の三点になります。

①文献等の集合物であること
②体系的に構成されていること
③検索可能であること

③の検索可能というのは、②の体系的構成の結果なのですから、単に情報が集まったというだけでなく、それがある統一的な意思の下に整理されていることがデータベースの特徴ということになります。そして、ここにこそ、データベースの本質があります。つまり、それは、情報を後で使うことを考えて、あらかじめ整理して蓄積しておくためのツールなのです。これは、まさに図書館やアーカイブズが果たしてきた役割と同じです。こうしたものを情報ストックと呼ぶとすると、現代のコンピュータ社会において、データベースはその代表格とだと言えましょう。

現代では、経済活動その他に伴って、膨大な量の情報が無秩序的に生産されて流通していて、インターネットやコンピュータなどの情報技術はこの傾向をいっそう助長しています。それは、人々の経済的、社会的、文化的営為の結果であるとともに、人々は、日々、生活し、仕事をしてゆくためには、自らが必要とする情報をすでに発信された情報の集積の中から見つけて、自分たちの活動の参考にしてゆかなければなりません。こうした点は、個人のみならず企業その他の組織においても同様です。しかも、その巧拙や妥当性の如何が、企業の命運すら左右するようになっています。

データベースは、そうした目的での情報利用に沿うよう、あらかじめ、索引作業や管理ソフトウェアの組み込みなどによって情報集積に対して、その表現内容などの配列分類に一定の秩序を与えます。現実的には、キーワードや分類など、探索のための有効な手段を装備していきます。つまり、資料を整理・配架して、分類や目録から資料を探せるようにしている図書館やアーカイブズと同じような機能を持っているのです。

したがって、データベースは、情報を組織的に整理して提供する機能を持っていて、その意味では、データベースもインターネットのホームページの集積と検索エンジンの組み合わせも、そして図書館も、同じような機能を持つものであると見ることができます。その意味からすると、データベースは、まさに人間の社会的記憶を外部化したものだとも言えるでしょう。

記憶力の良い人というのは、たくさんのことを覚えているだけでなく、その場に応じて自らの頭の引出しの中から、最適な情報を取り出せる人のことを言うのでしょう。とすれば、これは、とりもなおさずデータベースが実現しようとしている機能そのものを、頭の中に持っているということなのです。データベースというのは、必要に応じて蓄積した情報を取り出すための社会的仕組みとも言えるのです。

データベースはなぜ必要なのか、そして、何に使われているか？

それでは、データベースは、いったいどんな場面で使われるのでしょうか。ここでは、研究開発を考えてみましょう。研究というのは、研究者が、これまでの学問的成果に、新規でかつ有効な発見、理論、解釈等を付加して当該分野の発展を図ることを目的としておこなわれます。そのためには、その分野におけるこれまでの学問的成果が、その研究者の手によって自由に入手でき参照できるような状態に置かれていなければなりません。現実に研究を進めるにあたっては、自らの研究テーマや方向性が定まった時点で、これまでその分野でどんな研究が行われ、どのような成果が発表されているのかを調査しなければなりません。これを、先行研究調査ということはよく知られています。

一方、研究者は、研究が終了した段階で、自らの達成成果を論文としてまとめ、学術雑誌に投稿します。これは審査を経てその雑誌に掲載されることになります。そうした論文を、第三者が収集して、分類やキーワードを付加して構成したものが、その分野の論文データベースなのです。したがって、研究者はデータベースを検索することによって、現在までの研究の達成状況を、効率よく把握することができるのです。

そのようにして研究を進め、独自の成果が得られると、それを論文にまとめます。これが学術雑誌に投稿され掲載されることによって、この分野における新たな知見が公になり、それが、またデータベースに収録されることによってだれでも利用可能な社会的資源になるのです。それを、今度は別の研究者が参照・引用することによって、新たな研究が進むこととなります。データベースを活用したこのような発表・参照・引用の連鎖によって、社会全体の研究の進展が加速化されます。つまり、研究の進展には、研究成果の組織された情報ストック（定期的更新と評価を伴う）であるデータベースが不可欠なのです。単に、論文を発表しても、それが効果的に集積されてデータベースになっていなければ、情報資源として利用しやすいものにはなりません。

前述したように、情報を整理・蓄積・保管し、必要に応じて、特定の情報要求に基づいて利用できるようにしたストック情報資源として、データベース、図書館、アーカイブズなどがあります。ですが、インターネットは、もともとフロー情報のためのユーティリティであり、電子メールやファイル転送などに使われてきたのです。それが、ＷＷＷによって不十分ながらストック情報の側面を持つようになりました。しかしながら、検索の原始性、著者の匿名性、情報の保存における不安定性、品質評価の不在などの問題は依然として残ったままです。

いま述べたようなデータベースの利用は、研究開発のみならず、企業の新製品開発、特許の申請、病気の治療などにおいても同様に行われており、そうした業務の要の位置を占めている訳です。

データベースを作ると何が違ってくるか

たとえば、写真のデータベースを考えてみましょう。風景写真だとします。それが、何千枚、何万枚入っているとします。写真には、題名や撮影地、撮影年月が付与されていて、このデータベースは、そのような項目から検索することができるとします。こういうデータベースは、あるいはデータベースまがいのものは、世の中にたくさんあります。インターネット自体、あるいはグーグルで画像情報を探す仕組みも、データベースに近いものと考えることもできましょう。そのデータベースを使って、利用者は、「浅草の雷門」とか「浅草寺」とか入力して、これらの場所が写った写真を探し出すことができるでしょう。「東京タワー」とか「東京スカイツリー」などと入れることもあるかもしれません。

それでは、「下町のにぎわいが写されている写真が欲しい」という注文の場合はどうでしょうか。そうした写真はきっとたくさんあるに違いありません。データベースにもいっぱい入っているでしょう。でも、「下町」とか「にぎわい」というような言葉を入れても、出てくる写真は、そうしたものの一部に過ぎないかもしれません。どうして、そうなってしまうのでしょうか。それは、ほとんどの写真に現実の地名や建物名が題名や撮影地として入っていて、より抽象的な言葉である「下町」とか、単なる状況を表す「にぎわい」などの言葉は、あまり題名に入っていないことが予想されます。だいたい、写真を見れば、「にぎわい」は感じられるのであって、それをことさらに題名に付ける必要のないことも多いと思われます。

見たり読んだりするときに使われる言葉と、検索のときに使われる言葉とは、微妙に、場合によっては、決定的に違うのです。そうしたことを前提に、本来のデータベースでは、検索するときにこの言葉が付いていたら、この情報はうまく検索されるだろう、ということを予期してキーワードを与えているのです。読むため、見るための情報をそのまま検索対象にすることには、検索の便利さの上で限界があるのです。

主観の問題

かつて、建築物の画像をデータベース化した人の話を聞いたときのことです。それぞれの写真には、オフィスビル、学校、図書館、ホールなどのさまざまな建物が写っているのです。写真一枚一枚がデータベースを構成するデータになっていました。そこには、建物名、場所、持ち主、施工業者、建物の利用目的、などが書かれていました。これだけだと、建物の名前とか、建築会社などからしか検索できません。あるとき、「優雅な建物」を探したい、との要望があったそうです。そこで、データの一枚一枚、つまり、個々の建築物に対して、それが与えるイメージを表す言葉を付けたのです。「優雅」「荘厳」「重厚」「現代的」など、です。そうすると、確かに、「重厚な建物」というような検索注文にも、答えられるようになりました。しかし、「優雅な建物」を探し当てたはずの人は、出てきた建物の画像を見て、「全然、優雅ではない」と落胆したそうです。これは、イメージという極めて人間の主観に依存する事項を検索項目に入れたために、起こった悲劇（？）です。

しかし、こうした試みは、一考の価値があります。たとえば、図書館で小説本を探すとき、作家名が決まっていたり、作品名が決まっていたりするときは、難なく探せます。ところが、「今夜はロマンティックな気持ちだから恋愛小説を読もう」などというときには、お手上げです。作家、時代、国以外の形式から小説を探すことは、少なくても図書館では、ほとんど絶望的なのです。

それにしても、暗い気持ちになるのは嫌だからハッピーエンドの小説を読もう、と思って「ハッピーエンド」というキーワードから、小説を検索できたらどうでしょう。「やりすぎ」でしょうか。

日米で違うデータベースの整備状況

情報を整理・蓄積して、さまざまな利用が可能なデータベースの構築状況を、日米比較として、表に示します。

図表16. データベースの日米比較（2001年）

項目	アメリカ	日　本
データベース産業売上高（兆円）	4.2	0.3
プロデューサ数	1,533	144
国産データベース数	6,889	1,487

資料：データベース振興センター『データベース産業の現状と課題』平成15年12月25日

データがかなり古い年次のものですが、その後、わが国において、データベースの振興にめざましい動きがなかったので、動向を見るには一定の意味があると思われます。図表16を見ると、わが国のデータベース産業の売上高やデータベースを作成する機関を意味する「プロデューサ」の数は、ともにアメリカの十分の一に及ばず、自国で作成するデータベース（国産データベース）数でも、大きく引き離されています。データベースの整備には彼我の間に大きな差があると言わざるを得ないのです。

その理由としては、

①データベースの発展の歴史の差
②索引の思想の差
③データベースの価値、ひいては、情報ストックに対する彼我の社

会意識の差

などがあるものと考えられましょう。いずれにしても、日本の情報化は、ハードウェア先行で、ソフトウェアやコンテンツの整備は大きく立ち遅れています。

このような事態を招いた根本原因には、さまざまな要素があると思われます。たとえば、わが国における、ハードやモノに価値を認め、情報を軽視するという伝統的な「情報軽視」の社会通念が、その背後にあるかもしれません。また、企業や役所などで、過去を記録する行為である議事録作成などの業務が等閑にされやすい風土が影響している面もありましょう。そうしたことに携わる文書管理等の職員の組織内でも地位が高くなかったことも、一因かもしれません。さらに、図書館などの施設が、組織の仕事や国民の生活に根付いている程度の差もあると思います

いずれにせよ、その結果として、日本は、医療や化学などの分野で、アメリカ等のデータベースに大きく依存する状況になっているのです。

データベースの歴史と分野別現状

それでは、データベースが発達している（学問）分野、あるいはデータベースをよく利用す

る分野というものがあるのでしょうか。経験的にみると確かにあると言えます。それは、医療・医学・薬学情報、化学情報、特許情報、判例情報、新聞記事情報といったところであり、いずれも、事例研究に依存する分野です。

医療・医学・薬学情報の分野では、MEDLINEが最重要です。MEDLINEとは、アメリカ国立医学図書館（NLM）が作成している医学文献データベースで、世界約七〇か国、約四八〇〇誌の雑誌を収録しています。日本の雑誌は約一七〇誌収録しています。医学および広範囲にわたる関連分野の論文情報を収録しています。この分野では、最も網羅的で信頼性の高いデータベースと言えましょう。そのため、日本の大学、病院、製薬会社等で、研究、診療、薬品開発などに、頻繁に使用されています。

化学情報では、Chemical Abstracts Service（CAS）の提供するデータベースが重要です。化学物質情報について作成したデータベースを構築・提供しています。このデータベースも、日本の化学・製薬・化粧品メーカー、大学、研究機関その他で、広く利用されています。

特許情報については、これまでにない新規な発明を目指す必要があることから、データベースの必要性は良く認識されています。特許出願が世界的にみて多い日本でも、この分野のデータベースはよく利用されています。判例情報は、もともと判例重視のアメリカで発達しましたが、日本でもようやく頻繁に利用するようになりました。特に司法制度改革によって誕生した

図表17. 専門図書館が契約しているデータベース

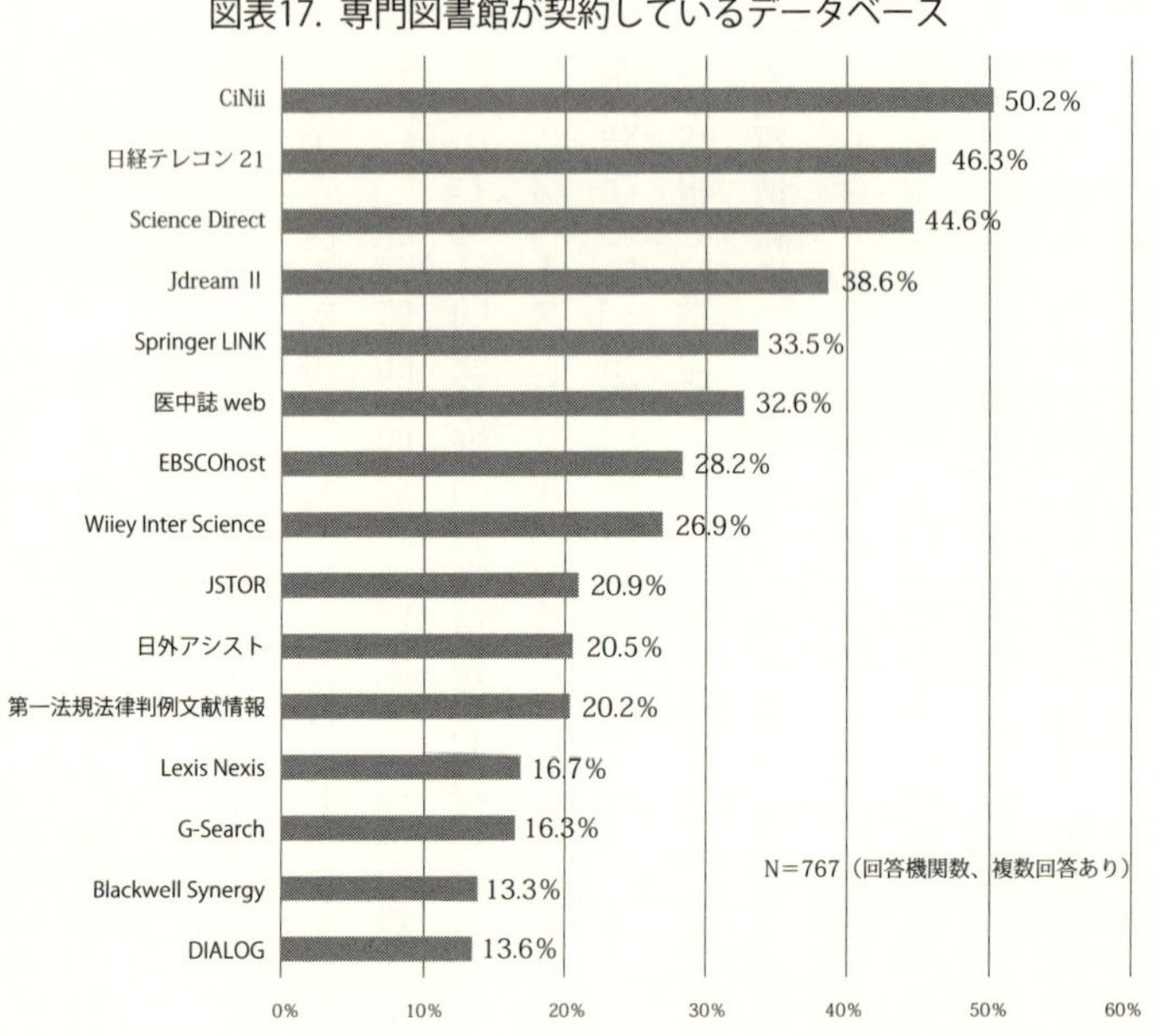

資料：専門図書館協議会ホームページ

法科大学院の教育の中では、重要な訓練項目としてよく利用されています。新聞記事情報のデータベースは、もう日常的なものになっていると言えましょう。切り抜きをスクラップする代わりに、「日経テレコン」などの記事情報データベースが頻繁に使われているのです。

　今、国内でどのようなデータベースが利用されているのかを、専門図書館のケースを例にとって見てみましょう。

　これで見ると、契約しているデータベースは、「CiNii」「日経テレコン21」「Science Direct」「JDreamⅡ」の順に多くなっています。この中でも、前記五分野のものが主になっています。

2 研究と電子ジャーナルの利用

基礎研究と開発研究

研究には、いつの日か誰かの役に立つことを夢見て、コツコツと行う研究もあります。消費者に大きなインパクトをもたらすヒット商品を開発しようとして行う研究もあるでしょう。一般的に研究は、「基礎研究」「応用研究」「開発研究」の三段階に分けられます。その概要は図表18の通りです。

つまり、将来の研究開発の基盤となりうる事柄を研究する「基礎研究」から、特定の製品の開発などを目標とする「開発研究」まであるということです。この性格別研究は、バランスがとれていることが望ましいと考えられます。基礎研究があって初めて、そのあとのステップである応用研究や開発研究が生きてくることもありましょうし、開発研究が研究の世界を活性化することもあるでしょう。

各国の現状はどうなっているでしょうか。（図表19参照）

図表18. 研究の性格別分類

分　類	定　　　　義
基礎研究 Basic research	特別な応用、用途を直接に考慮することなく、仮説や理論を形成するため、もしくは現象や観察可能な事実に関して新しい知識を得るために行われる理論的または実験的研究
応用研究 Applied research	基礎研究によって発見された知識を利用して、特定の目標を定めて実用化の可能性を確かめる研究および既に実用化されている方法に関して、新たな応用方法を探索する研究
開発研究 Development	基礎研究、応用研究および実際の経験から得た知識の利用であり、新しい材料、装置、システム、工程等の導入または既存のこれらのものの改良をねらいとする研究

資料：総務庁統計局『科学技術研究調査報告』における定義による。

図表19. 各国の性格別研究費の比率（2012年、%）

	基礎研究	応用研究	開発研究
日本	15.1	22.6	62.3
アメリカ	16.5	19.2	64.3
ドイツ（1993年）	20.7	79.3	
フランス（2011年）	24.4	36.9	34.8
イギリス（2011年）	16.0	48.0	37.6
中国	4.8	11.3	83.9
韓国（2011年）	18.1	20.3	61.7
ロシア	16.5	19.7	63.7

資料：文部科学省『科学技術要覧　2014年版』 日経印刷　2014年　p.26

この表は、主要各国の研究費を性格別に見たものです。後述する論文と特許出願数比較の場合のような顕著な傾向は見られませんが、日本の基礎研究の水準は、高いとは言えません。フランスなどで、基礎研究費の比率が二割以上あるのが印象的です。

また、基礎研究の成果を示すと思われる論文についてみると、その二〇一一年の相対被引用度は、以下のようになっています。[注10]

日本　　…一・〇〇
アメリカ…一・五一
イギリス…一・四八
ドイツ　…一・三九
フランス…一・二七

「相対被引用度」とは、一つの論文が他のいくつの論文によって引用されているかを示すもので、いわば「論文の実力」の指標です。これで見ると、わが国の論文は、世界の研究者の間では、他の国の論文に比べてそれほど参照されていないことになります。これは、あくまでもマクロ的な観察の結果ですが、わが国の基礎研究は、質においても主要国に比べて問題があると言えるかも知れません。

注10　文部科学省科学技術政策研究所『調査資料二一八　科学研究のベンチマーキング二〇一二―論文分析でみる世界の研究活動の変化と日本の状況〈本編〉』二〇一三年　による。

利益に直結するフロー情報を優先する社会なのか―論文生産数と特許出願数―

ここで、論文生産数と特許出願数について、見てみましょう。

この表は、主要各国の論文数とその世界全体でのシェア（割合）、および特許出願数とそのシェアを示したものです。まず、気づくのは、アメリカが論文でも特許でも世界の四分の一を占めて、圧倒的な存在感を示していることです。これは、研究も実用化も、世界的に見て盛んであ

図表20. 論文数シェアと特許数シェア

	論文数（2004 - 2006年の平均値）	シェア（%）	特　許 出願数（2006年）	シェア（%）
日　本	67,805	7.4	408,674	23.2
アメリカ	235,243	25.7	425,966	24.2
イギリス	55,938	6.1	25,745	1.5
ド イ ツ	54,624	6.0	60,585	3.4
フランス	38,894	4.2	17,249	1.0
韓　国	22,641	2.5	166,189	9.4
中　国	62,160	6.8	210,501	12.0
全 世 界	916,534	100.0	1,760,000	100.0

資料：論文数については、文部科学省『解説　論文成果に見る我が国の状況』
http://www.mext.go.jp/b_menu/hakusho/html/hpaa201001/detail/1296363.htm
特許出願数については、WIPO (WORLD INTELLECTUAL PROPERTY ORGANIZATION) “WORLD PATENT REPORT:A STATISTICAL REVIEW 2008”
http://www.wipo.int/edocs/pubdocs/en/patents/931/wipo_pub_931_2008.pdf
いずれも、2015-03-09接続

図表21. バブル期前後の日本経済

	1986〜90年増加率（名目％）	2002〜06年増加率（名目％）
従業員の給料・福利厚生費（一人当たり）	19.10	−3.1
役員の給与・賞与（一人当たり）	22.20	97.30
配当	1.60	192.40
研究開発費	51.40	11.10

出所：ロナルド・ドーア“いまは亡き「日本型資本主義」を悼む”『エコノミスト』2008年1月8日号　p.46-p.49　（一部省略）

るということを意味します。

翻って、日本を含む東アジア三国は、いずれも特許のシェアが論文のシェアを上回っています。日本の特許のシェアは、異常といってもよいほど大きく、論文のシェアとのバランスがよくありません。日本では、利益につながる研究は盛んで、基礎的な研究は、等閑にされる傾向があるのでしょうか。

特許出願における日本の優位は明らかです。特許というのは、製品化を目指した開発研究の成果であることはいうまでもありません。日本は、基礎研究の比率は低いが、その成果を応用して製品や特許に結びつける技量は、世界トップクラスということになります。こうした点にも、日本人が「エコノミック・アニマル」と揶揄される理由があるのかも知れません。日本の人々は、直接的に金儲けに繋がることには熱心ですが、「いつの日か役に立つ」という壮大なロマンはこの国には住めないのでしょうか。そこから考えると、ノーベル賞受賞者が何人も出たことは、「奇跡的」と言えましょう。

しかし、日本の企業もかつては決して目先の金儲けに狂奔しただけではなかったのです。図表21を見てください。

バブル期の前と後では、好況期における日本の大企業の行動様式がまるで変わってしまっています。バブル以前では、従業員と役員の収入は、同じようなペースで伸びているし、研究開発費はそれ以上の伸びを示しています。「会社の将来」に向けて投資をしていたのです。ところが、バブル後では、従業員の給料は下がっているのに、役員の収入は大きく増えています。また、配当も大きく上がり、一方、研究開発費の伸びは低く抑えられています。これは、短期的な業績のみを目標として企業を経営し、その好転の「報酬」として、役員や株主への配当を増強した結果と言えます。その陰で、企業の将来を左右する「ヒト」と研究開発が犠牲にされました。こんな企業体質では、一瞬、株式市場で高評価を得ても、将来が見えません。その後もたらされた雇用不安も、こうした企業の近視眼的経営が影響を及ぼしているように思えてなりません。

ここにも、利益優先の日本社会の性格が、影を落としているようです。

研究と開発のステップ

それでは、研究というものは、情報の側面から見ると、どのようなものなのでしょうか。そ

図表22. 研究の進展と情報の流通

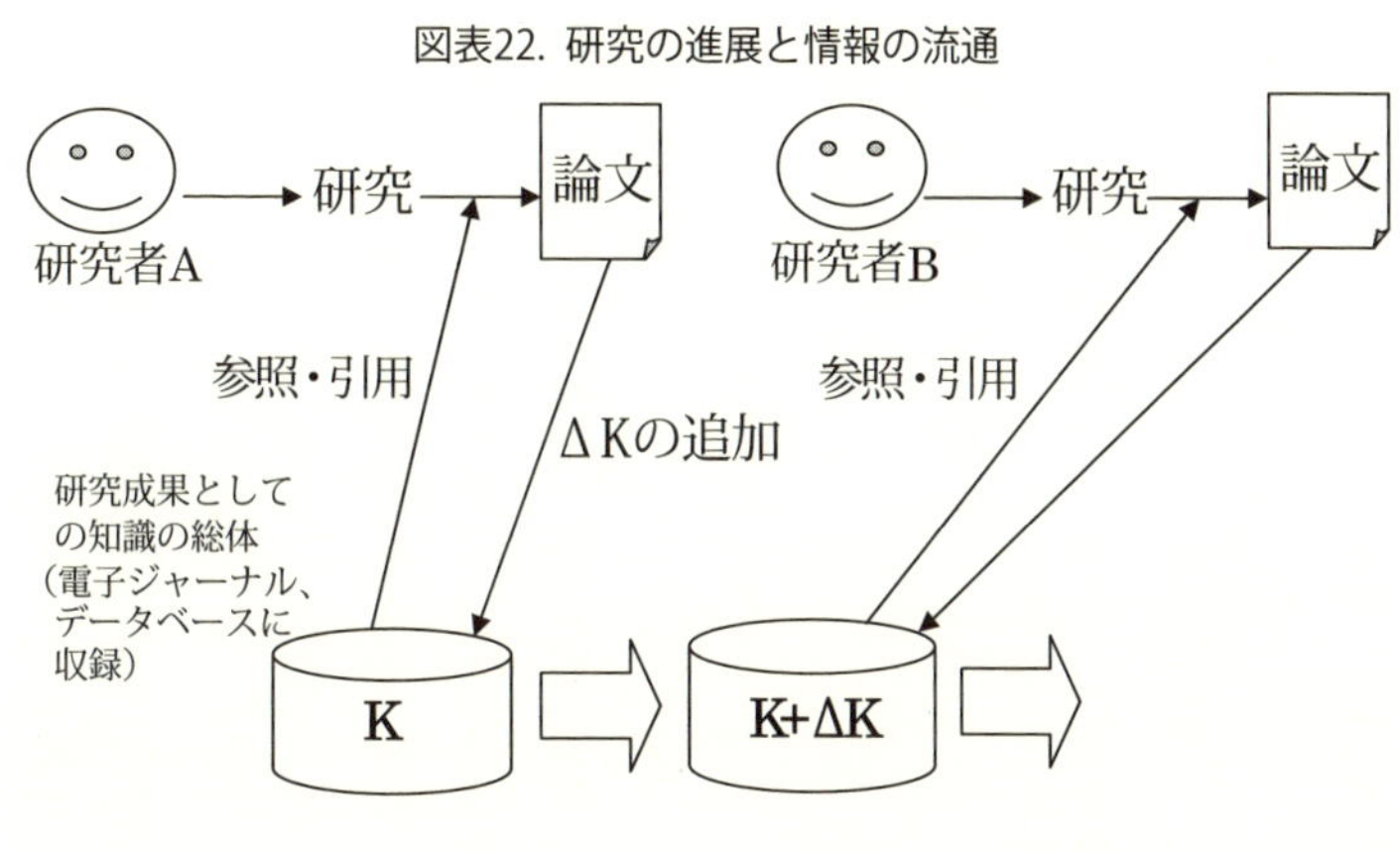

のことを、図表22で説明しましょう。

今、研究者Aがある研究をしているとします。研究者Aは、研究を進める段階で、これまでの研究の成果を調べます。なぜなら、価値ある研究というのは、これまでの研究成果（この図では、Kで表しています）に、これまでなかった知見を付加するものであるからです。Kは、実際には、主に雑誌論文の形で電子ジャーナルやデータベースに含まれています。したがって、研究者Aは、こうした電子ジャーナルやデータベースを使って、これまでの研究成果について調べ、何が未解決の問題なのかの見当を付けます。

研究成果をまとめて、論文を執筆することになります。この段階で、既存の論文の内容を、批判的に自分の論文の中に組み込むことになります。それは、自分の論文の独創性を示したり、どの研究成果に新しい知見を加えることになるのかを、明らかにしたり、研究やそれについての議論を論理的に進めていることを証明したりすることが必須の条件になります。論文ができあがって雑誌に掲載されると、その分野の知識が増えたことになります。これを、ΔKで示しましょう。そうすると、この分野の知識の総体は、「K」から「K+ΔK」になります。

研究者Aに続いてこの分野を研究している研究者Bは、この「K+ΔK」を参照、引用して同じように論文を完成させます。それが、雑誌に掲載され、同じようなことが繰り返されます。これまで、科学や技術は、このような情報の流れを経て、深化し発展してきたのです。一人の知識や能力では解決が難しい問題を、何人もの力を結集することによって、解決に導いてきたのです。電子ジャーナルやデータベースは、そのためのキーとなる仕組みであり、情報ストックであるということができます。

インパクトファクター

前節の議論を電子ジャーナルの側からいうと、引用をキーにして、雑誌論文がつながっていることになります。一般的に見て、その分野で優れた論文（そこで示された知見が影響力のあるもの）は、他の研究者がこぞって、自分の研究において引用することになると考えられます。影響力の少ない研究論文は、引用されることが少ないのでしょう。とすれば、引用回数の多い

図表23. 医学分野の雑誌のインパクトファクターランキング

順位	雑誌名	出版国	インパクトファクター
1	NEW ENGLAND JOURNAL OF MEDICINE	アメリカ	54.420
2	LANCET	イギリス	39.207
3	JAMA-JOURNAL OF AMERICAN MEDICAL ASSOCIATION	アメリカ	30.387
4	NATURE MEDICINE	アメリカ	28.054
5	BMJ-BRITISH MEDICAL JOURNAL	イギリス	16.378
6	ANNALS INTERNAL MEDICINE	アメリカ	16.104
7	ANNUAL REVIEW OF MEDICINE	アメリカ	15.478
8	SCIENCE TRANSLATIONAL MEDICINE	アメリカ	14.414
9	PLOS MEDICINE	アメリカ	14.000
10	JOURNAL OF EXPERIMENTAL MEDICINE	アメリカ	13.912

資料：トムソン・ロイター社提供の"Journal Citation Reports"により、"Medicine, General & Internal"および"Medicine, Research & Experimental"を対象に計算作成。（2014-10-24）

論文は、優れた論文というように見ることもできます。さらに、そうした論文を多く掲載している学術雑誌は、レベルの高い雑誌であると考えることができます。

こうした考え方のもとに、引用回数を基礎に雑誌の評価を行う係数が、「インパクトファクター」といわれるものです。実際上、アメリカのトムソン・ロイター社の提供するJournal Citation Reports（JCR）を使って計算され、そこでは「インパクトファクター（文献引用影響率）とは、特定のジャーナル（学術雑誌）に掲載された論文が特定の年または期間内にどれくらい頻繁に引用されたかを平均値で示す尺度」[注11]であるとされています。これは、論文ごとに計算されるものではなく、ジャーナル（学術雑誌）単位で計算される「学術雑誌の評価尺度」なのです。

例として、医学分野での学術雑誌の最近のインパクトファクターのランクを示してみます。図表23を見ると、驚くことに、インパクトファクターによるランキングのベストテンのすべてが、米英両国の雑誌で占められているのです。インパクトファクターが、論文や雑誌の価値をすべての面で示すわけではないのですが、学術雑誌の持つ影響力やある意味での支配力を示すとみることはできそうです。

注11　トムソン・ロイター社ホームページ（ip-science.thomsonreuters.jp）による。

電子ジャーナルをめぐる情報と資金の流れ

それでは、電子ジャーナルをめぐる日本の状況は、どのようになっているのでしょうか。この点を要約して図式的に示したのが、図表24です。

ここでは、電子ジャーナルをめぐる問題を浮かび上がらせるために、資金の流れと情報の流れを描いています。まず、左上を見てください。日本の国民は、日本政府に対して税金を納めています。企業も同じように税金を納めています。その税金の一部が、補助金などの形で大学に支給されます。大学等に所属する研究者(教員)に対しても、科研費(科学研究費補助金)などの形で資金が渡されます。研究者は、企業などが設立した財団から資金をもらうこともあります。

図表24. 電子ジャーナルをめぐる情報と資金の流れ

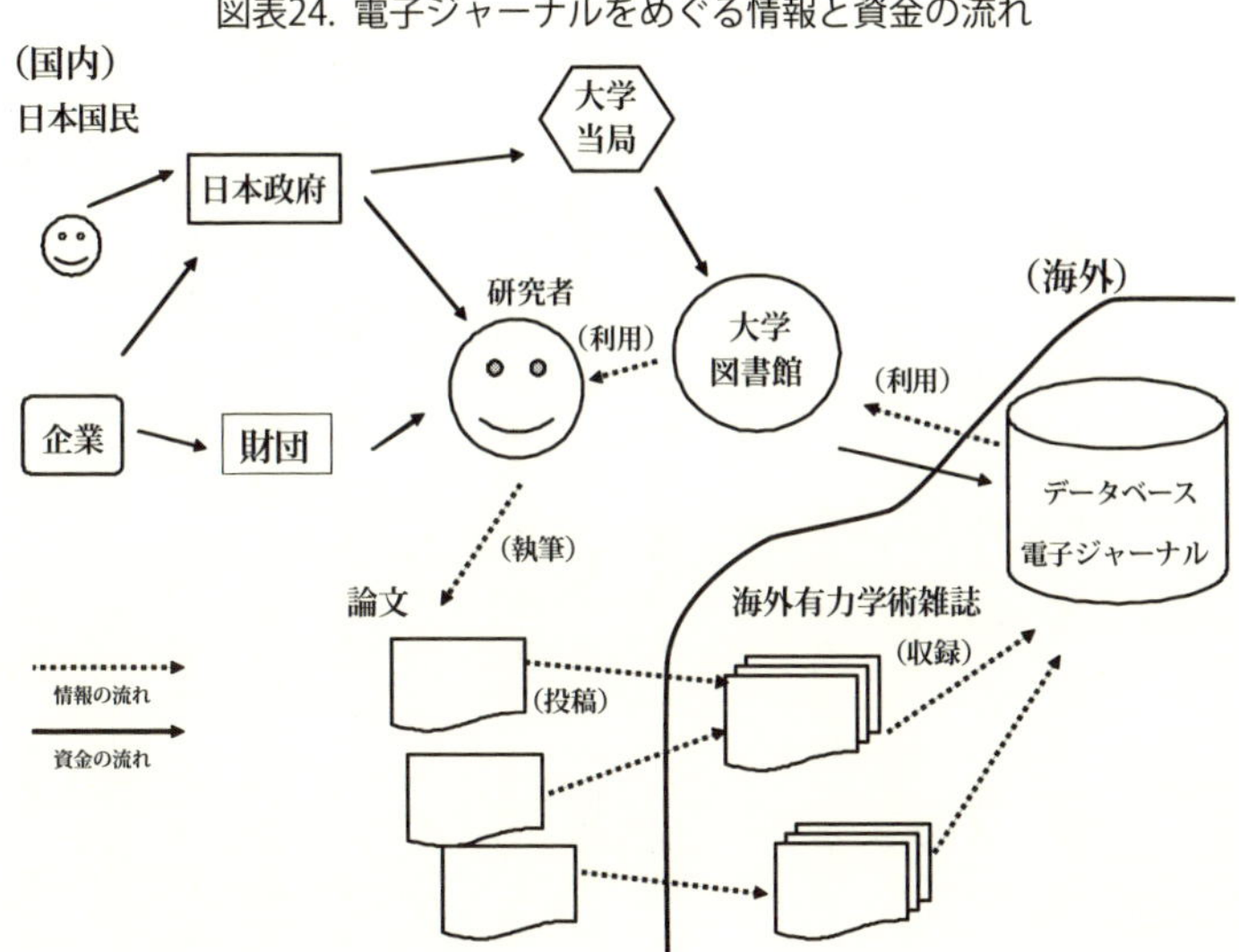

資料：著者作成

大学当局は、補助金や自己資金からなる予算の一部を、資料購入費として、大学図書館に回します。大学図書館は、この予算を使って、電子ジャーナルやデータベースなどのいわゆる「電子資料」を購入して、教員や学生が使えるように整備します。とくに、自然科学や技術分野などの場合、有力な電子ジャーナルやデータベースのほとんどが海外製です。その他の分野でも、最近は、多くの海外製電子ジャーナルなどを使うようになっているようです。いずれにせよ、海外から学術情報、研究情報を大量に「輸入」しているわけです。

研究者は、そうした電子ジャーナルやデータベースから情報を得て、研究を進め、引用なども行って論文を作成します。そうして、論文ができあがります。この論文は、まぎれもなく「日本製」です。そうした論文を、研究者は、学術雑誌に投稿しようとします。そのとき、投稿先の雑誌として、できるだけ有名な権威のある雑誌に投稿しようとします。

なぜでしょうか。そうした雑誌に自分の論文が載れば、大学などに教授、准教授として採用される時に、有利になるからです。インパクトファクターの高い雑誌に論文が載っていることは、その人の人事評価上の大きなポイントになります。だから、少しでも有名でインパクトファクターの高い海外の雑誌に、投稿するようになります。学術雑誌の場合は、原稿料は払われないのが普通ですから、こうして日本の情報が無償で海外に流出してしまうことになります。そして、海外の有力学術雑誌は、これまた海外の有力な電子ジャーナル出版社が世界に対して提供することになります。

先ほど見たように、日本の研究者は、大学図書館経由で、海外で書かれた論文のみならず日本から投稿した論文でさえ、高い対価を払って購入しているのです。日本の国の税金を使って進められた研究の成果である論文が、海外に「流出」し、それを、また税金などを原資とする大学予算で購入しているのです。日本国民は、もしかしたら、税金を二重払いしているのかも知れません。

情報の「自給率」

日本は、食糧やエネルギーを、輸入に頼る割合が非常に高いといわれています。その状況を、以下の表で見てみましょう。

図表25. OECD諸国のエネルギー自給率（2012年）と穀物自給率（2009年）

順位	国 名	一次エネルギー自給率（%）	穀物自給率（%）
1	ノルウェー	677.4	60.2
2	オーストラリア	235.4	242.3
3	カナダ	166.2	180.9
	（中略）		
8	アメリカ	85.0	124.9
	（中略）		
14	イギリス	60.7	101.0
15	フランス	52.9	174.1
	（中略）		
20	ドイツ	40.1	124.1
	（中略）		
27	スペイン	25.8	56.4
	（中略）		
30	韓国	18.0	29.3
	（中略）		
33	日本	6.0	23.2

資料：経済産業省『エネルギー白書　2014年版』ウィザップ 2014年
総務省統計局『世界の統計2014年版』一般財団法人日本統計協会　2014年

アメリカは、食糧自給率（穀物自給率）では、完全な自給状態にあり、エネルギーでも自給に近い状況です。これに対し、日本は、食糧でも自給にはほど遠い状況で、エネルギーにいたっては、ほぼ全面輸入

図表26. 日本の書籍輸出入（2013年）

（単位：1,000円）

	書籍輸出	書籍輸入	輸出－輸入
アメリカ	3,082,505	7,009,697	−3,927,192
イギリス	901,315	5,686,321	−4,785,006
オランダ	90,940	118,711	−27,771
ド イ ツ	128,930	1,778,111	−1,649,181
中　　国	792,196	3,435,480	−2,643,284
世 界 計	10,393,677	21,845,414	−11,451,737

資料：『出版年鑑2014』出版ニュース社により作成。

依存です。注目すべきは、英仏独の西欧諸国で、食糧は、ほぼ自給し、エネルギーも半分は自給しているということです。

情報について考える手始めに、日本における書籍の輸出入を見てみましょう。

書籍の輸出入では、表のように、日本はアメリカとイギリスから大量の書籍を輸入しています。英米二国だけで、書籍総輸入額の七六％にもなっています。さらに、表に挙げた国のすべてについて輸入超過になっています。世界全体に対しても輸入額が輸出額の倍になっています。これは、学術情報ばかりでないと思われますから、書籍においても日本は、情報の輸入国であると言えましょう。

高度な学術情報では、どうでしょうか。一つの例として、生命科学分野の最近の日米の論文で比較してみたのが、図表27です。

図表27. 生命科学分野の論文に見る「情報の自給率」（日米比較）の例

著者国籍＼引用論文の出版国	アメリカ	イギリス	オランダ	日　本	ドイツ	その他	総　数	自給率（%）
日本人の論文 1	27	6	3	0	0	1	37	0.00
日本人の論文 2	40	8	8	11	0	1	68	16.18
日本人の論文 3	23	5	0	0	0	1	29	0.00
日本人の論文 4	58	24	5	0	0	0	87	0.00
日本人の論文 5	10	4	2	3	0	1	20	15.00
合　計	158	47	18	14	0	4	241	5.81
アメリカ人の論文 1	68	112	4	2	57	29	272	25.00
アメリカ人の論文 2	35	30	6	3	2	8	84	41.67
アメリカ人の論文 3	30	14	3	0	0	6	53	56.60
アメリカ人の論文 4	40	17	1	0	0	5	63	63.49
アメリカ人の論文 5	140	46	18	0	9	11	224	62.50
合　計	313	219	32	5	68	59	696	44.97

資料：トムソンロイター社製の“Web of Science”データベースの”Core Collection”により、Research Area: Life Science and Biomedicine において、著者が日本、アメリカである2014年刊行の“article”を検索し、被引用の多い順に並べ最初の5件の引用先論文の雑誌の発行国を分析して作成。

上の表では、生命科学分野の論文で日本人が書いたものと、アメリカ人が書いたものを、それぞれ五件ずつ見て、個々の論文がどの国で出版された論文を引用しているかを調べました。最初の行は、日本人の書いた一番目の論文で、この論文は、引用文献三七件のうち、アメリカで出版された雑誌に掲載された論文を二七件引用しています。同様に、イギリスで出版された雑誌の論文を六件、オランダで出版された雑誌の論文を三件、日本で出版された雑誌の論文をゼロ件、ドイツで出版された雑誌の論文をゼロ件、その他の国で出版された論文を一件、引用しています。日本人が、日本で出版された雑誌から引用した割合を、仮に「情報の自給率」と考えるとすると、この場合は、日本で出版された雑誌からの引用がゼロですから、自給率もゼロになります。

一方、アメリカ人の書いた一番目の論文では、引用件数二七二のうち、アメリカで出版された雑誌の論文を六八件、イギリスで出版された雑誌の論文を一一二件、オランダで出版された雑誌の論文を四件という具合です。この論文の「情報の自給率」は、68/272×100=25.00%ということになります。

五件全体で見ると、アメリカは、半分は自給できているのに対し、日本は、全くと言っていいほど自給できていません。これは、一例に過ぎないので、これだけで全体を評価することはもちろんできませんが、情報が、食糧、エネルギーと同じような傾向にあることは、理解されましょう。一朝ことがあって、輸入が杜絶したり、日本が貧乏になって支払い能力が下がったりすれば、とたんに日本国内の研究に支障を来すのです。現に、資金の問題は、為替レートの「円安」の結果、起こっています。為替レートが、円安になれば、外国雑誌の購入経費が割高となり、日本の大学の研究経費を圧迫するのです。まさに、海外への極端な依存であり、低い自給率であると言えましょう。わが国に、そのための安全保障はあるのでしょうか。

日本の電子ジャーナルプラットフォーム

そうした「安全保障」の一つの試みがあります。それが、独立行政法人 科学技術振興機構（JST）による日本最大級の公的電子ジャーナルプラットフォーム〝J-STAGE〟[注12]です。

J-STAGEでは、日本で刊行される電子ジャーナルを搭載し、論文誌一七〇〇、それ以外に報告書や予稿集を含み、総論文数は、二五〇万を超えているとしています。九〇〇の学協会をカバーし、閲覧総数の四割が、外国からのもので、日本発の学術情報発信に寄与しています。

図表28. J-STAGEの読者の国別分布

国または地域	閲覧数構成比（%）
日本	58
中国	10
アメリカ	5.7
EU	3.2
インド	3.1
スウェーデン	1.8
韓国	1.8
ブラジル	1.3
イラン	1.3
台湾	1.1
インドネシア	0.8
その他	12

資料：JSTnews2014年9月号

最近では、学術情報をインターネットを通じて誰でもが無料で閲覧できるようにするオープンアクセスの考え方が、徐々に浸透し、そのための仕組みとして、各大学が発表する学術情報を自機関のサーバーに置いて外部に提供する機関リポジトリの仕組みも整備されてきています。国際的な機関リポジトリ関連情報サイトOpenDOARによると、二〇一五年一月現在、機関リポジトリの国別シェアは以下の通りです。

図表29. 機関リポジトリの国別シェア

国	構成比（%）
アメリカ	15
イギリス	8
日本	6
ドイツ	6
スペイン	4
ポーランド	3
フランス	3
ブラジル	3
その他	52

資料：OpenDOARホームページ

これで見ると、日本もまずまずの状況であることが分かります。ただ、オープンアクセス自体が、学術情報の流通の状況をすべて変えてしまうようなところまで入っていないので、その影響は限定的であるといわざるを得ません。

注12　この部分の記述は、科学技術振興機構ホームページ（www.jstage.jst.go.jp/browse/-char/ja）および『JSTnews』二〇一四年九月号を参照した。

3　図書館、文書館の整備

図書館や文書館の現状

日本は、先進的な工業製品などの「モノ」の生産や輸出においては、世界でも一流の地位を築いています。また、国民一人一人の生活においても、溢れるばかりの高度・多様な消費財に囲まれて豊かな暮らしを謳歌しています。しかし、翻って見ると、図書館、文書館、各分野のデータベースなど、社会的に情報を蓄積保存して、利用に供する仕組みについては、アメリカをはじめとする世界の先進国に大きな後れをとっていると言わざるをえません。

たとえば、誰もが自由に利用できる公共図書館についての動向を、国別に比較したものを以下に示します。

この図表によると、わが国の図書館の絶対数は、国際的に見て遜色はありませんが、一人当りの図書館数は、図書館先進国と言われるフィンランドの一〇分の一であり、他の欧米諸国の水準からも引き離されています。さらに、図書館の活動指標である一人当り貸出し数を見ても、わが国の水準は、海外諸国に比べて、決して高いとは言えません。

図表30. 公共図書館の国際比較

国名	調査年	人口（万人）	図書館数	10万人当図書館数	年間貸出点数（万点）	人口当貸出数（点）
ドイツ	1998	8,209	12,134	15	32,456	4
イギリス	1998	5,824	4,630	8	57,339	10
フランス	1997	5,890	2,577	4	8,556	1
イタリア	1997	5,730	2,155	4	25,796	5
フィンランド	1999	517	1,151	22	9,927	19
アメリカ	1995	27,620	15,946	6	169,342	6
カナダ	1995	3,049	3,672	12	20,320	7
日本	2005	12,682	2,931	2	61,684	5

資料：これからの図書館の在り方検討協力者会議『これからの図書館像（報告）』平成18年3月、2006年

さらに、国の重要文書、歴史的文化的価値のある文書を保存して、後世の研究資料に供する国立公文書館の規模の比較を、図表31に示します。

この表を見ると、数字面で見る限り、わが国の国立公文書館の整備状況は、アメリカに遠く及ばず、ヨーロッパ、さらにはアジア諸国にすら、水を空けられています。

さらに、わが国においては、図書館などが、自らの価値を、為政者や社会各層に対して、明確に説明してこなかったことも、大きな問題としてあげることができるのではないでしょうか。[注13]

これは、当事者の怠慢もありますが、図書館のような社会における情報ストックの価値を体系的に評価する方法やそれに基づく評価が実施されてこなかったことも、大きな原因を形成していると思われます。たとえば、後述するようにイギリスにおいては「英国図書館（British Library）」の社会における貢献や経済的価値を、評価する試みを行い、その結果を公表しています。欧米では、類似のプロジェクトも行われています。

注13　たとえば、財政当局が、図書館に対して予算を付けるか、他の公

図表31. 国立公文書館の規模比較（日本を1とした数値）

	日	米	加	英	仏	独	中	韓	マレーシア
職員数	1	60	16	13	10	19	13	7	10
延床面積	1	13	3	3	–	5	5	2	2
書架延長	1	19	4	4	8	6	14	3	–

出所：公文書館推進議員懇談会「この国の歩みを将来への資産とするために―『緊急提言』―」平成19年11月13日、2007年

共事業に予算を付けるかの選択・意思決定を迫られた場合、公共事業の効果については、曲がりなりにも貨幣的基準で評価が行われるのに、図書館においてはそれがない場合、図書館に予算を付けることに消極的になるであろうことは十分想定できる。

英国図書館の経済的価値と図書館の「乗数効果」

それでは、実際に図書館の価値を測定することが行われたことはあるのでしょうか。その一例として、イギリスでは、英国図書館（British Library）の価値を計算する試みが実施されました。[注14] 英国図書館は、イギリスを代表する図書館で、通常の書籍の閲覧サービスに加えて、研究者のための学術情報の提供が行われています。価値測定プロジェクトでは、経済学的な手法が用いられ、利用者に対する価値だけではなく、社会全体に対する図書館の貢献度も測定されました。つまり、この図書館を使う人にとっての価値のみでなく、図書館を使わない人にとっての価値も明らかにしました。このことは、大変注目すべきことで、日本で図書館の価値や効果を議論する場合、直接の利用者にとってのものに限定されることが多いのです。

価値測定の結果、おおよそ、以下のことが明らかになりました。

・英国図書館の閲覧室利用により生み出される価値は、二〇一一年から二〇一二年の時点で、年間七〇〇〇万英ポンド（日本円で約八八億九〇〇〇万円[注15]）である。
・英国図書館のウェブサイトを訪問して得られる価値は、年間一九五〇万ポンド（同二億五〇〇〇万円）である。
・英国図書館の（研究開発への支援などを通じた）高等教育への貢献は、年間五四〇万ポンド（同六億九〇〇〇万円）である。
・英国図書館が存在し続けることによる図書館を利用しない人への価値（間接的効果）は、年間四億一三〇〇万ポンド（同五二四億五〇〇〇万円）にも上る。
・これ以外に、貨幣に換算できない価値がある。

ここに示したもの以外のものも積み上げて、計算すると、英国図書館が一年間に生み出す国民経済への価値は、実に五億二七三〇万ポンド（A）にもなります。これは、円貨で、ざっと六七〇億円にも達します。一方、英国図書館を運営するために一年間に投入される経費は、一億八三〇万ポンド（B）ポンドです。したがって、収入に当たる五億二七三〇万ポンドからコストに当たる一億八三〇万ポンドを差し引いた金額は、四億一九〇〇万ポンドです。さらに、収入（A）をコスト（B）で割ると、四・九となります。この四・九は、いわば、投資乗数のようなものであり、図書館に一億円投資すれば、それが四・九倍になって、社会に還ってくるということになります。

試みに、この乗数を、わが国の国立国会図書館の予算額一八一億円[注16]に適用してみると、国民への還元価値は八八七億円になります。さらに、日本国内の図書館経費二二五七億円[注17]に乗じてみると、一兆一〇五九億円ということになり、日本国内の図書館への投資により、日本国民は、一兆円以上の価値を受け取ることになります。図書館の規模等が違いますので、乗数は、これほど大きくないでしょうが、一以上の乗数が存在することは十分考えられますので、図書館への資金投下について考える上での重要な参考になると思います。図書館への投資は、消耗品を購入することとは違います。それは、現在と未来の国民のための投資なのです。

注14　Andrew Tessler "Ecnomic Value of the British Library" Oxford Economics 2013 (www.oxfordeconomics.com)

注15　二〇一一年間レート一二七・九円／ポンドと二〇一二年年間レート一二六・一円／ポンドの平均一二七円／ポンドで計算した。

注16　工事関係費を除く平成二六年度当初予算額。

注17　日本図書館協会集計による公共図書館の経常図書館費と大学図書館費の二〇一三年度の分の合計値。

6 情報ストックの重要性

1　情報ストックは社会的共通資本だ

社会的共通資本とは何か

社会的共通資本（Social Overhead Capital）という考え方があります。これは、人々の生活や社会にとって有用で、皆が共通に使えるようなものを、指します。社会的共通資本は、宇沢弘文『社会的共通資本』（岩波新書、二〇〇〇年）によると、以下のように定義されます。

〝一つの国ないし特定の地域に住むすべての人々が、ゆたかな経済生活を営み、すぐれた文化を展開し、人間的に魅力ある社会を持続的、安定的に維持することを可能にするような社会

的装置"[注18]

この定義から、社会的共通資本が、現代社会にとって、欠くことのできないものであることが分かります。社会的共通資本には、図表32に掲げる三種類があります。

図表32. 社会的共通資本の種類

1）自然環境：大気、森林、河川、水、土壌
2）社会的インフラストラクチャー：道路、交通機関、上下水道、電力、ガス
3）制度資本：教育、医療、司法、金融制度

資料：宇沢弘文『社会的共通資本．岩波書店』（岩波新書 696）2000年, p.22 .

この表から、社会的共通資本は、自然環境をはじめ、人工物、さらには社会にとって有用な制度をも含むことが分かります。これらは、いずれも私たち人間が、現在享受しているような文化的で便利で健康な生活を、今後も維持してゆくために、不可欠の社会的装置です。現在は、地球環境問題などの議論が盛んで、1の「自然環境」や2の「社会的インフラストラクチャー」については、ある程度の注目が集まっています。しかし、ハコモノでない「社会インフラ」や、3の「制度資本」について、論議されることは、あまり多くないようです。しかし、現代の民主主義国家や資本制経済にとって、制度資本の役割が大きいことは論をまたないと思います。

情報ストックのうち社会的共通資本と考えられるもの

以上の定義などから、情報ストックに該当する施設・設備等には、社会的共通資本に含まれるものが多いと考えられます。

図表33. 情報ストックのうち社会的共通資本と考えられるもの

(a) 組織・施設
図書館
公文書館
博物館・美術館

(b) 情報源
公的資金により構築され・維持されるデータベース
政府刊行物
公的資金による研究成果
期限切れの特許

(c) 情報に関するルール・記述
情報についての各種標準
分類表・シソーラス
情報に関する法律・規則

資料：著者作成

まず、「組織・施設」として、図書館、公文書館、博物館・美術館などがあります。次に、「情報資源」として、公的資金により構築され・維持されるデータベース、政府刊行物、公的資金による研究成果、期限切れの特許などが挙げられます。さらに、「情報に関するルール・記述」として、情報についての各種標準、分類表・シソーラス、情報に関する法律・規則などがあります。つまり、情報を収集・整理・保存して利用に供する組織、さまざまな社会的活動の結果作成された情報集積、そうした情報活動を効率化し、共有化するための制度資本的なものという多岐にわたるものが、情報分野の社会的共通資本を形成していると言えます。

それを、分類して表示すると、図表33のようになります。

この表からみると、情報を収集・整理・保存して利用に供する組織(a)、さまざまな社会的活動の結果作成された情報集積(b)、そうした情報活動を効率化し、共有化するための制度資本的なもの(c)、という三種類のものが、社会的共通資本を形成していることが分かります。

社会的共通資本のあり方

注目すべきは、これらの構築・運用については、その社会的共通資本としての性格に鑑みて、政策を運用する場合において、以下のような共通点が存在すると考えられることです。
①利益・利潤を追求することを目的としない
第一義的な企業活動の関与は望ましくないとされています。公的機関もしくは非営利組織によって運営されることが求められます。しかしながらこのことは、公的機関等の管理・監督のもとで指定管理者として企業等が業務を行うことを妨げるものではないと思われます。
②国家権力等の行使の手段にしない
公的機関が直接にコントロールする場合は、権力行使の手段に転化する可能性を持っていま

す。とくに、文書館にはその危険が存在します。時の政権が自らの正当性を担保するために恣意的な運用を行う可能性です。この点は、厳格に回避する必要があります。昨今の特定秘密保護法をめぐる動きは、この点で危うさを蔵しています。

③職業的専門家によって運営される

運用のためには、宇沢によると、それぞれの分野の専門家が必要とされています。〝社会的共通資本は、それぞれの分野における職業的専門家によって、専門的知見にもとづき、職業的規律にしたがって管理、運営されるものであるということである。社会共通資本の管理、運営は決して、政府によって規定された基準ないしはルール、あるいは市場的基準にしたがっておこなわれるものではない。[注19]〟

図書館、文書館、博物館などは、司書、アーキビスト、学芸員といった専門家が、運営する必要があることになります。

④安定的存続のためには「運営技術」と「経営能力」の双方が必要

専門家としては、テクニカルな部分のエキスパート（図書館ならば司書、博物館なら学芸員、文書館ならアーキビストやレコードマネージャー）に加えて、組織や機能全体を企画・設計して経営管理する能力を持った人間が必要です。これまでは、専門家といえば前者のタイプがもっぱら問題にされたように思われますが、今後は後者が重要なのです。

国家として、また社会としてこうした「情報ストック形成への資金投下」を、大胆に進める必要があります。それはまた、「情報保存のための国家戦略」を定めることにも繋がるのです。また、社会的共通資本における専門家の重要性から見て、「運営のための専門家の育成・雇用システムの構築」が求められます。とくに図書館、文書館、博物館等が安定的・継続的に存在するために、そこに勤務する職員の雇用の安定性と処遇の充実が必須課題です。さらに、利用者としての市民、国民の育成を図る見地から、「情報リテラシー教育や文化教育の充実」も国家的課題となります。

注18　宇沢弘文『社会的共通資本』（岩波新書、六九六）岩波書店、二〇〇〇年、四ページ
注19　同前　二二一―二二三ページ

2　政策の問題

新たな情報政策立案の必要

内閣官房国家戦略室が編集した『日本再生戦略―フロンティアを拓き、「共創の国」へ―』

（二〇一二年九月）を見ると、一二六～一二八㌻に科学技術イノベーションについての記載があります。しかし、そこで述べられ、強調されていることは、組織、人材、国際化、拠点立地、資金配分の問題で、論文などの研究成果をどう管理し、データベースをどう構築するかなどについては、全く指摘がありません。

また、総務省情報通信国際戦略局情報通信経済室が株式会社情報通信総合研究所に委託して行った研究成果の報告書『ＩＣＴによる経済成長加速に向けた課題と解決方法に関する調査研究　報告書』（二〇一四年三月）では、「情報化資産」として、「ソフトウェア資産（受注ソフトウェア、パッケージソフトウェア、自社開発ソフトウェア）」（同書一五㌻）のみがあげられており、データベースや電子ジャーナルについての言及は、まったくありません。

今後の日本において、情報技術のハードやソフトに偏重している情報政策や戦略を転換して、情報の内容そのものを充実させるとともに、情報資源や情報ストックの整備のための行動を起こさねばならないと思います。

学術会議の提言について

日本学術会議は、二〇一四年五月に「我が国の学術情報基盤の在り方について」という提言を発表しました。これには、「ＳＩＮＥＴ[注20]の持続的整備に向けて」という副題がついていますから、内容は、コンピュータ・ネットワークについてのものであるということが想像できます。しかしながら、「学術情報基盤」と銘打っているわけですから、学術雑誌や学術情報データベースのことも含まれていると考えられます。しかしながら、中身を見ると、議論は、「ＳＩＮＥＴ拡充のための予算確保」「スーパーコンピュータに対応するネットワークの整備」「クラウドの利用環境の提供」「セキュリティ機能の強化」などが、内容のほとんどを占めています。

学術情報の中身については、提言の六ページに、「学術情報の公開と共有」の中で、「研究教育活動に不可欠な学術情報は電子化が進んでおり、学協会や出版社が発行する電子ジャーナルを中心とした整備が行われている一方で、公的資金による研究の成果を広く公開し、誰もが自由に入手できることを目指すオープンアクセスの運動が盛んになっている。オープンアクセスを実現する手段としては、大学等が運営する機関リポジトリが用いられることが多い。」と記されています。

これは、現状認識としては、正鵠を得ていますが、問題は、この状況にどう対処するかです。オープンアクセス運動は、一つの潮流になっていますが、我が国の図書館などでの学術情報入手の困難を解決するところまでは、行っていません。しかも、肝心の最後の「提言」の部分では、この問題についての対応策が、何も記されていません。

せっかく、二〇一〇年に『学術誌問題の解決に向けて―「包括的学術誌コンソーシアム」の創設―』という提言を出して、この問題を論じているのですから、それから数年たって、この問題が一層深刻化した現在に、この点について言及がないのは、まことに残念です。今回の提言は、極論すれば、「道路を整備すれば、そこを通る車両も増え、経済活動が活発化する」というような一時代前の認識に基づいているのかと思いたくなります。

注20　文部科学省のもとで大学共同利用機関である国立情報学研究所（およびその前身である学術情報センター）により一九九二年から整備・運用されてきた学術ネットワーク。

トフラーの見立て

未来学者と称されるトフラーは、『富の未来[注21]』の中で、社会の各セクターの経営と変化のスピードを、以下のように示しています。

時速一〇〇km―企業
時速　九〇km―社会団体
時速　六〇km―家族

時速　三〇km―労働組合
時速　二五km―官僚機構
時速　一〇km―公教育制度
時速　五km―国際機関
時速　三km―政治構造
時速　一km―法律

企業が新しい技術や考え方で、発展を図っても、それに対して、さまざまな制度や集団がブレーキをかけるのです。特に、最近の情報や情報技術をめぐる問題では、企業の変化スピードが速く、それを取り巻く制度や枠組みは、完全な機能不全に陥っているように見えます。さらに、家族を取り巻く変化が速いことを指摘しています。これについて、家族の形態、世代間関係、異性間関係、子育てなど、一見保守的に見える家族制度が、変革の波にさらされ、大きく変わっていることを述べています。

以上は、アメリカについてのことですが、日本にも当てはまると思います。企業は情報技術などを駆使して、日々革新を遂げているのに対し、政治は旧態依然で、目前の問題に機動的に対処するどころか、自分たちの勢力争いにうつつをぬかす毎日です。情報技術の分野でも、かつて最新のコンピュータは、まず企業に導入され、それがしばらくたって家庭に入ってくるという図式だったと思われますが、最近は、新鋭のパソコンやスマートフォンなどは、まず、個人が購入して、それが企業の情報装備に及んでゆく、といったスタイルをとっています。

いま、日本が情報を取りまく制度や仕組みの面で大きく後れをとっているとすれば、その回復は容易ではないのです。なぜなら、そうしたものの変化スピードは、トフラーのたとえになぞらえて言えば、時速一〇キロ以下だと見られますから。コンピュータのハードウェアの技術の進歩は、時速数百キロにもなるかもしれませんが、データベースや情報ストックの構築などは、時速一キロの法律と、いい勝負でしょう。とすれば、情報についての百年の計を、日本は、誤ったのです。さらに、その恥の上塗りを続けているのです。

注21　アルビン・トフラー、ハイジ・トフラー（山岡洋一訳）『富の未来』上下　講談社、二〇〇六年

情報と法律

法律の制定は、トフラーによって最も遅いペースで進むものとされていますが、〝議会による新たな公法の制定は、民衆の欲求や必要の整然とした反応の表出である。[注22]〟と言われるよう

図表34. 情報に関する法律の制定状況（一例）

	ストック対象	両方もしくは中立	フロー対象
促進的	■図書館法 ■博物館法 ■公文書等の管理に関する法律（公文書管理法）	■情報公開法 ■行政機関情報公開法 ■独立行政法人等情報公開法	■公衆電気通信法 ■放送法 ■有線放送業務の運用の規正に関する法律 ■有線電気通信法 ■電波法 ■電気通信事業法 ■NTT法 ■有線テレビジョン放送法 ■電気通信役務利用放送法
中立的		■著作権法 ■特許法 ■実用新案法 ■意匠法 ■商標法 ■種苗法	
抑制的	■不正競争防止法	■個人情報保護法 ■行政機関個人情報保護法 ■独立行政法人等個人情報保護法	■不正アクセス禁止法 ■プロバイダ責任制限法

資料：著者作成

に、立法状況を見ることによって、政府が重い腰を上げて政策課題に取り組む様を概観することができます。

情報に関する法律として、どのようなものが制定されているのでしょうか。ここでは、情報をフロー（情報を個人間、個人と企業・団体間、企業・団体間とやりとりするメールやネットによる発信、放送など）とストック（データベースや図書館などのように情報を蓄積してあとで利用することができるようにしたもの）に分け、それぞれについて促進的な効果を持つか、抑制的な効果を持つかで分類してみました。（図表34参照）

まず、表を見て分かることは、わが国の情報政策の重心は、明らかに通信・放送といった「情報フロー」の充実にあるということです。通信の発展に伴う弊害を除去するような法律も出現していますが、これは、この分野が活発であることの裏返しでしょう。知財関連の法律は、上記の枠組みにおいては、中間的位置を占めるものと言えます。ストック対象の法律は相対的に少なく、これはこの分野があまり重要視されていないことの反映でしょうか。

試みに情報法の概説書の中から、比較的新しいもの[注23]を例に挙げると、そこで解説されている法律は、「e-文書法」「電子署名法」「電子記録債権法」「電子消費者契約法」「著作権法」「通信傍受法」「情報通信法（仮称）」「プロバイダ責任制限法」「個人情報保護法」「行政機関個人情報保護法」などであり、情報のフローや情報の取引を、おもにIT利用環境下でコントロールしようとするものが中心です。著作権法や公文書管理法などを除くと、国または国民として情報ストックをどう整備・利用するのかという立場からの法律は取り上げられていません。こうした視点が、フロー偏重、ハード偏重のわが国情報政策にも影を落としているように思われるのです。

注22　Chartland, Lee. "The imprint of legislation on information policies," Bulletin of the American

Society for Information Science. 1989,Feb/Mar,p.14-16

注23　小向太郎『情報法入門：デジタル・ネットワークの法律』ＮＴＴ出版、二〇〇八年、一七一ページ

7 日本人の精神構造

1 減点主義の横行と索引やデータベースの思想

索引付与の現状

海外の書物と国内の書物を比較してみて、いつも思うことがあります。欧米で出版された本には、立派な索引の付いているものが結構多くあります。それに対し、日本では、索引の付いていない本も多いように思われます。索引は、本の中の飾りくらいにしか思われていないのかも知れません。

試みに、国立国会図書館（National Diet Library, NDL）とアメリカ議会図書館（Library of Congress, LC）の図書のデータベース検索してみましょう。標題中に、社会（society）、経済

図表35. 索引の付いている本の比率

（2013年刊行、単位%）

標題中の言葉	社会（society）	経済学（economics）	医学（medicine）
NDL OPAC	24.1	48.1	26.7
LC MARC	68.3	69.8	71.2

	標題中の言葉	社会（society）	経済学（economics）	医学（medicine）
全　数（2013年刊行）	NDL OPAC	2,868	206	506
	LC MARC	1,785	722	847

	標題中の言葉	社会（society）	経済学（economics）	医学（medicine）
索引のついている本の冊数	NDL OPAC	690	99	135
	LC MARC	1,219	504	603

資料：国立国会図書館、米国議会図書館の各ウェブサイトから計算（2014-10-26）

学（economics）、医学（medicine）とある本を、それぞれのデータベースで検索しました。これは、だいたい日本の本とアメリカの本を探したことになります。その結果を、図表35に示します。

これで見ると、この三分野のすべてで、アメリカの本の七割には索引がついているのに、日本の本では、索引付与率は、五〇%以下です。このような簡単な計算でも、大きな差が出ています。

さらに、日本では、英語から翻訳された本において、原書に索引がついていても、翻訳版では、それが削除されているケースも目立つのです。試みに、標題に「経済」とある本で英語から翻訳されたものを検索し、それを順に見て行くと、図表36のような結果が出ました。

索引が日本語翻訳版で生き残っているのは、半分し

図表36. 標題に「経済」とある本の日本語翻訳版と原書の索引の有無

原書標題	索引の有無	
	原書	日本語への翻訳版
The new global rulers	○	×
The chastening	○	×
Neoliberalism as exception	○	×
The intention economy	○	○
Grand pursuit	○	○
World-systems analysis	○	○
The world that trade created	○	○
Not for profit	○	×
What's the economy for, anyway?	○	×
The nature of economics	○	○

資料：NDL-OPACとLCホームページを検索して作成。

かありません。コスト面の理由か、ページ数の都合か、よく分かりませんが、索引を重視しているとは、とても思えません。これ以外にも、私が本を読んでいて、翻訳版における「索引脱落」に気がついたことがあります。

索引の思想に乏しい社会？

そもそも、日本というのは、索引の思想がない社会なのかも知れないと思ったりします。機能面から考えると、本の巻末索引は、ある項目について書いてある本のページを示すものであり、その本の内容のデータベースを、本の中で具現化したものと言えます。本が情報の集合体であるとすると、索引は、それを情報内容から検索するための大切な仕組みと言えます。

一方、日本では、読書の作法として、最初からページを繰って粛々と読んでゆかなければいけない、というように教え込まれているのでしょうか。しかし、研究において大事な先行研究の調査のためには、何十、何百という文献に目を通す必要があります。もし、索引もデータベースもなかったら、いったいどのようにしてそれを実行できるのでしょうか。本を「読む」ことは推奨されても、本を「引く」というのは、辞書くらいにしか適用されない考えなのかも知れません。確かに、日本の学校の宿題でも、一冊から二冊の図書を指定して読後感想文を書かせるものは多いようですが、数十冊の本を指定してそれを参照しつつレポートをまとめるといった課題はあまり見られないようです。いや、日本の大学ですらそういう課題は少ないかも知れません。

索引や書誌の専門家が集まる日本索引家協会が組織されたこともありましたが、現在は解散しています。日本データベース協会も財団法人データベース振興センターも、現在はその歴史を閉じています。情報があふれ、索引やデータベースが、これほど必要な時代はないと思われる現在、専門の団体が姿を消してしまっているのです。しかし、索引がなくてどうして情報が探せるのでしょうか。グーグルは、「世界中の情報を整理する」と豪語していますが、こうした発想は、日本の社会では出てこないのかも知れないと思うと、暗澹たる気持になります。

データベースや索引の価値についての認識の欠如

日本では、文書や情報を保存したりする、というと後ろ向きの作業としてしか評価されないきらいがあります。データベース作りも、重要な仕事として評価されることは、大変難しい。私が、企業で仕事をしていた折、社内の情報をデータベース化したことがありましたが、実力のある中堅ベテランの社員は、総じて、データベース作りに冷淡であったのを思い出しました。そんなもの作らなくても、自分には社内の情報のありかは、分かっているという訳なのでしょう。実力のある社員は、社内情報の状況について、よく知っているからデータベース構築を支持しない。そうすると、新入社員や経験の浅い人達との「情報格差」は開くばかりです。しかも、情報を持っていることが、自分の存在価値であったり強みであったりするような人達にとって、社内データベースは、自分たちの立場を危うくする危険な存在なのかも知れません。

しかし、たとえば、企業内でデータベースを作るということは、無形の資産、すなわち、インタンジブルズを作って、企業価値を上げるものだと認識することもできます。日本の企業では、無形資産としては、ブランド、特許、商標などの「知財」くらいしか重要視されていないようです。しかし、アメリカでは、インハウス・データベースなども、インタンジブルズとして認知し、これを企業価値の源泉として直視してゆこうという考え方が主流になりつつあるように見えます。つまり、情報を整理してデータベースを作るということは、積極的な企業価値の生成であると認識しているわけです。

その点なども考えてみると、日本におけるデータベースの低迷の背後には、日本人の精神構造があるのではないかと推測されます。そこには、いろいろ複雑な問題があるようです。たとえば、革新的なIT製品はなぜ日本でできにくいのか、と言うことがよく言われます。日本では、そのための部品はほとんど生産されているのにです。結局、全体のコンセプトを組み上げることができなかったのかも知れません。日本人は、全体を構想するよりも、細部の彫琢にこだわるのではないでしょうか。「角を矯めて牛を殺す」という社会風潮が有力なのかも知れません。

これは、イノベーションが難しい社会であるとも言えましょう。つまり、失敗が許されない社会なのです。学校のテストで、九〇点を取ったとしても、できなかった一〇点分について、どこを間違えたのか、しつこく追及されます。一〇〇点でない限り、こうした「あらさがし」は行われます。大相撲でも、相撲協会の関係者やマスコミが「一二勝三敗などの低レベルの優勝では云々」などと言うのをよく聞きます。しかし、一二勝三敗の優勝は、本当に低レベルなのでしょうか。ほかに強い人がたくさんいたから、その間で優勝を争って、こうした成績になったのでしょう。そこで、一二勝もしたのは、他に強い人がいない状況で全勝、一四勝する場合に劣ることではないのです。結局、テストの場合と同じように三敗の方を問題にしているのです。一二勝もしているのに！です。

こうした姿勢は、製品などのカイゼン（改善）には役立つかも知れませんが、新たな創造には、はたしてどの程度プラスになるのでしょうか。この点は、減点主義の人事評価が横行する企業社会にも相通ずるようです。人事を考える上では、ある社員が過去に犯したミスや不成功の方を問題とし、過ちのないことや少ないことを、評価のポイントとするのです。しかし、試行錯誤をしないで、つまり過ちを犯すことなしに、イノベーションなどできるわけがないのです。間違いから学習し、次を修正して、それを克服し、一段高いところに到達する能力こそ重要なのでしょう。

データベースや記録の本質

そうした過去の間違いを記録したものが、実は、データベースの本質なのではないでしょうか。途中経過を丹念に記録する、という文化の欠如は、企業における技術の継承にも問題点を生んでいるようです。たとえば、メーカーの設計部門では、製品の最終デザインの仕様や形式のデータは詳細に残されています。しかし、たとえば自動車を例にとると、そこまでに至る思考過程、つまり、どうしてボディをこのような形にしたのかとか、窓のガラスの角度をなぜそのようにしたのか、などの理由づけ、設計コンセプトは明確には文章化されていないケースも多いと聞きます。こうした点が分からないと、結局、製品の改良や新製品の開発に支障をきたすことになりましょう。このようなとき、もし設計者のメモや心覚え、業務日誌などが残されていたら、そこに私たちは、上記の問題の解答を得ることが期待できるのです。

だれでも、新入社員になると議事録を作らされたことがあるかもしれません。ただ、日本では、議事録つくりなどは、きわめて形式的な業務であり、重要でない瑣事の最たるものとされているようです。ここにも、データベースを軽視する土壌があります。さらに、内容についても、過去の事柄をありのままに書くという記録の本質から離れて、過去を偽装して、誰かの気に入るように、あるいは自分の思想にあうように作り直してしまうこともあるように思われます。こうして、社内データベースのなかは、ベストプラクティス（成功例）ばかりになってしまうのかも知れません。現実にはそんなに成功体験ばかりがあるはずはないので、過去の記録を修正してしまうのです。改ざんできなければ廃棄すればいいのです。こうして「偽装国家」が生まれるのでしょうか。

もしかしたら、日本の社会は、過去の情報を改ざんすることが常識になっている社会なのでしょうか。過去を直視しない国民性や政治家の態度が、ここにも投影しているといわざるを得ません。過去の情報を改ざんせず、あるがままに記録するというのは、データベースだけでなく、アーカイブズ（文書記録、公文書）に、よりよく当てはまることです。結局、無謬性を追い求める社会ということが、ここにも影を落としているのではないでしょうか。アメリカの大統領は過ちを犯しそれを認めることもありますが、日本の首相は過ちを犯してはいけないのでしょう。大統領のスキャンダルが公開される国で、データベースが育ち、過去を改ざんする国では、データベースは無視されるのかも知れません。

これを突き詰めると、日本の組織は、データベースや記録が無い方が都合の良い統治機構を持っているのかも知れません。これは、政治、行政、企業、医療法人、学校法人、すべてについて言えましょう。データベースや記録が普及しない国家や社会というのは、結局、過去を直視しない国家や社会だと言えます。この点は、同じ機能を持つ図書館や文書館の未発達と軌を一にします。かつて、アメリカのデータベースの専門家から聞いたのは、「データベースこそは、最も民主主義的な情報媒体だ」という言葉です。その理由は、データベースは、地位や身分や経験の差に関係なく、誰でも情報に自由にかつ平等にアクセスできるからだということでした。

たしかに、データベースが整備されていない国では、情報や知識は教えてもらうものであって、市民自らが独力で調べて獲得するものではないとの意識が広がるのかも知れません。インターネットがいくら普及しても、ＩＴがどんなに高度になっても、情報に対する積極的な態度が醸成されるわけではないのです。皮肉なことに、情報に対してより受動的な人々を、大量発生させてしまうのかも知れません。ネット上の情報を鵜呑みにしたり、人の意見に、ただ追随したりする人が多くなるのを見ていると、そうしたことが確信にさえなります。データベースをはじめとする情報ストックの整備状況は、日本の民主主義の成熟のバロメータと言うこともできるのです。

2　やっぱり利益優先？

翻訳図書の割合

国立国会図書館の図書データベースを検索してみると、おもしろいことが分かります。日本国内で出版物を刊行した者は、国立国会図書館にそれを一部は納めることになっています。したがって、このデータベースは、日本で刊行された書籍の標題などのデータを網羅しています。そのデータベースを使って、標題中に「哲学」と言う言葉が入っている本を探してみると、一万四〇一冊ありました。このデータベースには、原文の言語から検索できる機能があります。

そこで、この一万冊強の図書の中で、原文が英語のもの（つまり、英語から日本語に翻訳されたもの）を調べると、六八七冊ありました。一万四〇一冊に対する比率は、六・六一％です。

同様に、「思想」「理論」「科学」…などの言葉で調べてみると、図表37のようになりました。

図表37. 翻訳書（英語からの）の割合

標題中の語	図書冊数（A）	原文が英語の冊数（B）	B/A（％）
哲学	10,401	687	6.61
思想	23,839	539	2.26
理論	32,153	1,669	5.19
科学	83,544	2,476	2.96
応用	25,666	519	2.02
開発	71,636	844	1.18
技術	77,287	1,109	1.43
製造	6,486	68	1.05
生産管理	562	7	1.25
特許	4,176	37	0.89
企業	45,283	848	1.87
医学	20,074	621	3.09
医療	25,740	468	1.82
経済学	15,056	842	5.59
経済	75,241	2,037	2.71

資料：国立国会図書館NDL-OPACにより検索。（2014-10-25）

「理論」を筆頭に、「科学」「思想」などの言葉を含む本で、二％を超えています。これに対し、「技術」「製造」「開発」「企業」などは、すべて一％台です。「特許」などは、英語から翻訳された本は、全体の一％以下です

これだけのデータで即断はできませんが、日本では、工業や産業に関する部分が得意で、それに関する本が活発に書かれているようですし、一方、その基礎となる哲学や理論は、外国からの「輸入」に頼っていると

言えるかも知れません。学問である「医学」と、その応用である「医療」とを比べてみても、前者の方が翻訳書の比率が高いですし、この傾向は、「経済学」と「経済」でも同様です。ここでも、日本人は、理論でなく応用が得意だという傾向を見ることができると言えそうです。

機械の時代から生きものの時代へ

もうひとつ別の例を挙げましょう。経済成長率というものがあります。これは、経済統計量であるＧＤＰ（国内総生産）の毎年の変化率です。この数字を戦後について示します。

図表38. 戦後の経済成長率

年次	実質経済成長率（%）	年次	実質経済成長率（%）
1947年	8.4	1979	5.5
1948	13.0	1980	2.8
1949	2.2	1981	2.9
1950	11.0	1982	2.8
1951	13.0	1983	1.6
1952	11.7	1984	3.1
1953	6.3	1985	5.1
1954	5.8	1986	3.0
1955	8.8	1987	3.8
1956	7.3	1988	6.8
1957	7.5	1989	5.3
1958	5.6	1990	5.2
1959	8.9	1991	3.4
1960	13.3	1992	1.0
1961	14.5	1993	0.2
1962	7.0	1994	1.1
1963	10.5	1995	2.0
1964	13.1	1996	2.6
1965	5.1	1997	1.4
1966	10.5	1998	−1.7
1967	10.4	1999	−0.3
1968	12.5	2000	2.3
1969	12.1	2001	0.6
1970	9.5	2002	0.2
1971	4.7	2003	1.2
1972	8.4	2004	2.4
1973	8.0	2005	1.5
1974	−1.2	2006	1.5
1975	3.1	2007	2.2
1976	4.0	2008	−2.7
1977	4.4	2009	−4.7
1978	5.3	2010	2.6

資料：内閣府『国民経済計算』

太い実線で囲んだところが、経済が発展している時期であり、点線で囲んだところが、経済が停滞している期間です。こうした数値データだけでは、なぜ、こうした変化があるのかよくわかりません。そこで、ここにその時代に起こった主な出来事、それも経済活動に関係すると思われるものの表を、重ねてみましょう。（図表39参照）

図表39. 経済成長率に主な出来事を重ねた表

年次	実質経済成長率（%）	主な出来事	年次	実質経済成長率（%）	主な出来事
1947年	8.4		1979	5.5	第2次オイルショック（12月）
1948	13.0		1980	2.8	
1949	2.2		1981	2.9	
1950	11.0	朝鮮戦争勃発（6月）	1982	2.8	
1951	13.0		1983	1.6	
1952	11.7		1984	3.1	
1953	6.3		1985	5.1	G5によるプラザ合意（9月）
1954	5.8		1986	3.0	
1955	8.8		1987	3.8	
1956	7.3		1988	6.8	
1957	7.5		1989	5.3	日経平均株価最高記録38,915円（12月）
1958	5.6		1990	5.2	
1959	8.9		1991	3.4	湾岸戦争勃発（1月）
1960	13.3	「国民所得倍増計画」閣議決定（12月）	1992	1.0	
1961	14.5		1993	0.2	
1962	7.0		1994	1.1	
1963	10.5		1995	2.0	
1964	13.1		1996	2.6	
1965	5.1		1997	1.4	山一証券ほか金融機関の破綻相次ぐ
1966	10.5		1998	-1.7	
1967	10.4		1999	-0.3	
1968	12.5		2000	2.3	企業倒産の負債総額約24兆円で過去最悪
1969	12.1		2001	0.6	
1970	9.5		2002	0.2	
1971	4.7		2003	1.2	
1972	8.4		2004	2.4	
1973	8.0	第1次オイルショック（10月）	2005	1.5	
1974	-1.2		2006	1.5	
1975	3.1		2007	2.2	サブプライムローン問題発生
1976	4.0		2008	-2.7	
1977	4.4		2009	-4.7	米国リーマンブラザーズ経営破綻
1978	5.3		2010	2.6	

資料：内閣府『国民経済計算』

この表を見ると、一九五〇年からの好景気は、朝鮮戦争を原因とする、いわゆる「朝鮮特需」によるものであり、一九六〇年からの長期的な経済拡大は、池田内閣によって開始されたいわゆる「所得倍増計画」が寄与していることが推察されます。一方では、二度のオイルショックによる経済の落ち込み、最近のリーマンショックなどに起因する不景気などが、見て取れます。

このように、数値データから経験的規則性を発見することにとどまらず、別の情報や記録を組み合わせて、そのデータを解釈するということが、特に社会現象を対象とする社会科学においては、重要な科学的認識の方法になるのです。もしかすると、最近流行のビッグデータにおけるデータサイエンティストについても、アーキビストとのコラボレーションによって、よりすぐれた成果を生み出せるかもしれません。

さらに、コンビニなどの経営戦略でも、経験的規則性の発見（POSデータ＝来店者数、品目別売上……）と動機の意味理解（コーザルデータ＝天候、近隣イベント、住民構成……）をうまく組み合わせているではないですか。記録や情報の価値は、単体のみでなく組み合わせによって無限になるというのは、データマイニングやビッグデータによる解析が教えるところです。記録というのは、データの説明要因として、実に重要なもので、それをきちんと管理して行くことは、物事に対する——とくに社会現象の——科学的認識のための鍵になるのです。

そこで、記録管理（文書などを管理する手法を研究する分野）の側面からは、意思形成過程の文書を保存することが重要であるということが言えます。それは、表面に現れた行動や政策の実施を、記録や文書によって説明することが、記録管理の大きな使命と考えられるからです。

「法則」から「規則」へ

今、述べた「経験的規則性の発見」ということは、さまざまな現象の観察や分析から「法則」を見いだすことにつながります。この方法の長所は、普遍的な法則を発見して、今後も同じような条件下では、同じようなことが起こるであろうという予想を立てることができる点にあります。ニュートンの運動方程式などはその例で、自然現象などが従うことになる法則を発見したわけです。これを、吉田民人は、「法則定立」と言っています。[注24]

これに対して、遺伝情報（DNA配列）の分析のように、ものごとを規定する規則（プログラム）を発見することによって普遍性の解明を進めるという方法があります。これを、「プログラム定立」といいます。中村桂子が言うように、世の中が、「機械の時代から生きものの時代へ」[注25]と移行するのだとすると、法則定立は機械の時代の説明原理であり、プログラム定立は、生きものの時代の分析理論であると言えるかもしれません。

これからは、「法則より規則」が重要で、この規則を記述するものも、また「記録」や「文書」においてであることは明らかです。これからの研究や学問では、法律、制度、プログラムなどの規則を解明し、その波及効果も含めて考えることが、とくに社会科学分野の研究の中心をなすことになりましょう。これは、まさに「記録管理」の今後の科学における重要性を示す証拠だとも言えます。記録管理の科学や政策における役割を一口で言えば、「記録や情報を保存・提示して、それらの組み合わせによる問題解決の可能性を示唆すること」ということになりましょう。

注24 吉田民人、鈴木正仁編著『自己組織性とは何か ―二一世紀の学問論にむけて―』ミネルヴァ書房、一九九五年

注25 中村桂子『生きものはつながりのなかに』JST（科学技術振興機構）主催の講演会（二〇〇八年二月四日）

8 情報リテラシー教育の見直し

1　情報リテラシーとは何か

OECD生徒の学習到達度調査（PISA）と「読解力」

ＯＥＣＤは、三年おきに、世界各国の一五歳の生徒に対して一斉に学習到達度調査（ＰＩＳＡ）を実施しています。[注26] 二〇一二年に行われた調査では、六五の国と地域が参加し、五一万人が受けるという大規模なテストです。内容は、「読解力」「数学的リテラシー」「科学的リテラシー」の三分野で構成されています。ところで、ここで言う「読解力」とは、何でしょうか。

それは、「自らの目標を達成し、自らの知識と可能性を発達させ、効果的に社会に参加するために、書かれたテキストを理解し、利用し、熟考し、これに取り組む能力である。[注27]」とされています。何のことはない、これは、我々が生活や仕事の中で、いつも使っている真に実務的な能力です。むしろ、「情報リテラシー」を構成する内容そのものと言ってもよいかも知れません。

さらに、PISAは、読解力の五つのプロセス（側面）として以下を挙げています。[注28]

① （必要な）情報を検索・入手する
② （物事に対する）幅広い理解の形成
③ （自らの）解釈を展開する
④ 文書の内容の熟考と評価
⑤ 文書の形式の熟考と評価

これらは、知的生産の作業に欠かせないものばかりです。しかもそれらは、情報リテラシーの領域に属するのです。

また、図書館関係の団体は、情報リテラシーの内容を以下のように表しています。ACRL（Association of College and Research Libraries）によると、図表40のようにあらわされています。

これを、前掲の読解力の内容と比較対照してみると、驚くほど類似しています。つまり、

「情報の探索」「情報の評価」「情報の活用」の三点が、いずれにおいても明確に述べられています。ここからも、「読解力」と「情報リテラシー」を同様に見ることの妥当性が導かれると思われます。

注26　文部科学省国立教育政策研究所『ＯＥＣＤ生徒の学習到達度調査―二〇一二年調査国際結果の要約―』平成二五年一二月

注27　同前

注28　国立教育政策研究所監訳『ＰＩＳＡ二〇〇六年調査　評価の枠組み―ＯＥＣＤ生徒の学習到達度調査』ぎょうせい、二〇〇七年、四三―四七ページ

図表40. 情報リテラシーの内容

- 自らの情報ニーズを明確に示すことができる
- 効率的、かつ効果的に情報を探し出して、それにアクセスできる
- （得られた）情報を評価できる
- 新たに得た情報を、自分の知識ベースの中に組み入れることができる
- 特定の目的を達成するために、情報を使うことができる
- 情報の法的、経済的、社会的、倫理的側面を理解できる

資料：Saunders, Laura. The future of information literacy in academic libraries: a Delphi study. Portal: Libraries and the academy, 2009, 9(1), p.99-114.

経営資源という考え方

一方、少し意外に思われるかもしれませんが、生活の中で、情報リテラシーを向上させるためには、経営資源と言うものを理解することが必要であると考えられます。経営と言うと、企業の活動にもっぱら関わるもののように考えられることもありますが、ある目的を現実的な制約の中で、実現しようとするときには、私たちの誰にでも、必要となる考え方です。

「経営」というのは、企業が支配・保有する経営資源の状況を最適化することだといえます。そうしてみると、経営というのは、なにも企業に固有のことではなく、官庁・自治体・諸団体などの非営利組織においても必要な機能であることが理解されます。さらに、家計（家庭）や個人についても必要な事柄です。経営資源の観点から見ると、情報リテラシーというのは、限られた時間と費用のもとで、無限とも言える情報と「格闘」して、最適のものを見つけ出して、最適な方法で活用する能力だと言えましょう。

そのためには、コンピュータやＩＴの使い方を教えるだけでは十分ではないのです。高等学校における「情報」という授業では、ＩＴ、情報システム、分析手法、などの「手段」に重点があるようですが[注29]、上記のような考え方をしっかり教え込むことが、ぜひとも求められるのです。とにかく、情報リテラシーとは、「情報、時間、お金を経営資源と見たとき、最小の時間と費用で、情報を最大限うまく活用して、人間生活の各側面（日常生活、学習、研究、ビジネス……）において最大の成果を得るようにするためのスキル、能力」と考えるべきでしょう。言い換えれば、それは、社会生活における情報との付き合い方の基礎的能力であるとも言えます。

次の課題は、こうした考えに立つとき、情報リテラシーをどのようにして教えたらよいのか？ということです。

注29　文部科学省『高等学校学習指導要領』東山書房、二〇〇九年、三〇四―三一六ページ

ＩＴ社会やインターネットとのつきあい方

今の学生は、携帯電話やパソコンなどのいわゆるＩＴ機器を日常的に使いこなしていて、その操作法や機能の習得に躍起となっています。インターネットも、彼ら彼女らにとっては、仲の良い友人のようなものなのでしょう。社会の大人たちもまた、そんなものかと思って、ある種の宇宙人でも見るように眺めているようです。だが、そこでは、往々にして大事なことが抜けているのではないでしょうか。

インターネットとＩＴ機器の組み合わせは、入手できる情報の量と範囲をかつてなかったほど膨大なものにするとともに、何の前触れもなく瞬時にして、見ず知らずの人に、メッセージを送ることを可能にしました。このこと自体は大変な進歩です。しかし一方では、これまでよりも遥かに広い外の世界から、日々影響を受け、また、自分の行動や言論が、まったく知らない人々に甚大な影響を及ぼしてしまうというリスクを、個人個人が背負い込むことにもなったのです。

たとえば、だんらんと平和に満ちた自宅の茶の間から、パソコンを操作してインターネットに接続すれば、一挙にテロや犯罪が渦巻く混乱の世界に入り込んでしまうのです。さらに、これまで手紙を書くときは、必ず発信人の名前を入れましたが、インターネット上には匿名の怪文書や個人攻撃のページが氾濫しています。

インターネットを閲覧していれば、怪しげで反社会的な内容のページに出遭うことを避けることは難しいのです。大事なのは、それらの情報を自らの価値判断の力によって、きちんと取捨選択できることです。また、電子メールを送るときは、これを受け取った人の立場になって、慎重に文章を練らなければなりません。

情報の受発信が「手軽」になった分、私たちは、これまで以上に高く強固な倫理観と慎重さを持たなくてはならなくなったように思います。インターネットは、バーチャル（仮想的）であるどころか、現実社会の「濃密な」縮図なのです。

2 情報リテラシーをどう教えるか

再び情報とは何か

これから述べるのは、私が、大学一年生を対象に永年行ってきた「情報リテラシー教育」の中で育んできた方法です。その概要をこれからご紹介します。

最近のような情報社会に生きる人々にとっては、人間の営みに重要な影響を与えるのが、ほかならぬ「情報」であるということは、誰しもが認めることでしょう。しかし、情報とはいったい何でしょうか。あるいは、情報というものは、どういう役割を持つものと、考えればよいのでしょうか。これまで、情報というものは、さまざまに定義されてきました。その主なものは、図表2にあげましたが、それ以外にも上のようなものがあります。

図表41．主な情報の定義（その2）

⑦「組織化され、伝達されるデータ」マーク・ポラト
⑧「物理的手段である文字・図形・音響・信号などによって、伝えられる知らせ」仲本　秀四郎
⑨「本質的にコピーが可能なもの」丸山　昭二郎、丸山　泰道、堂前幸子、成田　憲彦
⑩「ある目的達成のために必要とする知識であり、目的達成に関連のある諸種の情報資料（素材）を収集、処理（評価・分析・総合）して得られるもの」谷口　早吉、高山　正也
⑪「ある意味では、すべての記号はいまや情報と考えられる。サイバネティックスや普通の会話の中でもしばしば「情報」は「ノイズ」や無意味と対比されている。」マーク・ポスター
⑫「すべての知識が情報であるとは言えないが、通常の意味で、すべての情報は知識である」フリッツ・マッハルプ
⑬「情報とは、ある特定の目的に活用できる“表現された事象の内容”、もしくは「活用されるように準備されたそれ」と限定的に考えることができるが、実体的には『すべての知識、データなどの表現された事象の内容』は情報になる可能性を秘めているともいえる。」経済審議会情報研究委員会
⑭「データに意味と目的を付加したものが、情報である。したがって、データを情報に転換するためには、知識が不可欠である。」P. F. ドラッカー
⑮「対象となる発生源を見たり、聞いたり、理解することにより発生するもの」電子情報通信学会

資料：山﨑久道『専門図書館経営論―情報と企業の視点から―』日外アソシエーツ、1999年。

図表2と図表41から、情報については、実にさまざまな見方があるということが分かります。「外界から

の刺激」が情報だという見方もあれば、「不確実性を減少させるもの」が情報だという考え方もあります。さらに、人間同士が伝え合うものが情報だと言ったり、はてはコピーが容易なものが情報であると述べたりしています。しかし、情報と生活や仕事を考えてみると以下のようなことが言えるのではないでしょうか。

「天気予報で降水確率七〇％と言っていたから傘を持って出かけよう」「今、A劇場では、おもしろそうな映画を上映しているので、行ってみよう」など、我々は情報を解釈しそれを行動の指針とすることによって、現実に行動を開始します。また、自動車の運転のように、目前の状況（視覚による情報の受容）によって、絶えずハンドルその他の操作を変えています。

この場合、行動の主体となるものは、個人でなくても、企業などの組織であってもよいのです。情報が行動の指針となるということは、情報が個人や組織の意思決定の不可欠な要素であるということです。情報は、行動の指針であって、「適切な情報に基づいて行動すれば良い結果」をもたらすが、「不適切な情報に基づけば、悲惨な目に遭う」ということが、生活と情報において、重要な点なのです。このことをよく理解することが大事なのです。

つぎに、「情報と付き合うさまざまな場面」を解説します。（図表6参照。）

これを見て学生は、情報やそれに関わる情報リテラシーは、実に広い範囲を含むものだということが理解できるのです。

情報処理の八原則

情報との付き合い方として、以下の八原則が提唱されています。[注30]これは、実用性の高いものですから、それを、元に自分の行動を振り返ったり、今後の情報との付き合い方の参考にしたりすることができると思います。

①情報を収集しながら捨てる

■情報収集のキーワードを設定する
■加工されている情報をまず集める
■見た瞬間に、要るか要らないかを判断する

情報収集するときに、ただむやみに集めるのではなく、テーマを決めておいて集めることが有効です。それには、自分の関心事や情報収集テーマを、言葉で表わして、手帳、タブレット、スマホなどに記しておくと便利です。資料を見たり、講演を聴いたりする時に、そのキーワードに関連する情報を集めるように準備しておくと、効果的な情報収集ができます。「おやっと思ったものが情報だ」という見方もあります。[注31]

情報収集のためのキーワードを設定するためには、自分の中で、問題意識が成熟して形成さ

れている必要があります。つまり、焦点が絞られていなければなりません。その点で、ナマの情報を集めるよりも、ある程度加工された情報を入手する方が効果的な場合も多いようです。新聞記事を見るときでも、時々刻々のニュースにいきなりアクセスするのでなく、まずは、解説記事やコラムを読んで基礎知識や問題の枠組みを理解しておくほうが、問題の本質やポイントをつかむのに有効です。これは、研究の開始時点で、その分野のレビュー論文（特定分野の研究の動向を調査分析してまとめた論文）を読むことに通じるところがあります。

情報の取捨選択についても、情報がある程度集まってから要るか要らないかを判断するのでは、これだけ大量の情報が溢れかえる中では、困難なことが多いものです。情報を見た瞬間と言うのは問題意識が高まっている瞬間でもあるので、その時に要否を判断することが大事で、「これは大事」と思ったもの以外は、捨ててしまうということにしても、困ることは実は少ないのです。今や、ネット上の検索が充実してきているので、いざとなれば類似の情報を探すことはそれほど困難ではありません。

②「メモる」ではなく「記録」する

■他人に見せるつもりでメモを書く

■「将来の自分」は他人なのだ

■見やすい字で論理的に書く
■文書には、必ずタイトルをつける
■作成者、作成日付も記入

何か情報に接する時、メモを取ることは、大事です。でも、講演を聴くとき、黒板やスライドに映った字句だけを筆写するのでは不十分です。講演者は、黒板に書いた字句をつなげる論理的な説明をします。その部分を書いていないと、一体どんな話だったのか、あとで再現するのに困難を感じることになります。学生が授業のメモをノートにとったのを見ると、私が黒板に書いたことだけを書いている人が多いのに対し、少ない数ながら、私の話したことをキチンと記録している人もいます。

ともかく、人間の記憶は、あてにならないもので、特に数字や名前などの固有名詞はメモを取ることによって、不正確に記憶するのを防げます。しかし、どうせ自分が見るメモだからと、乱雑な字やなぐり書きでメモすると、情けないことに、後で、何を書いてあったのか自分でも分からなくなることがあります。書いたときは分かっていたのに、後では分からない、ということが往々ある。ということは、「将来の自分は他人」ということなのではないでしょうか。丁寧な字でメモを書くのに、さほど時間はかかりません。その時間より、判じ物のような字を見て考え込む時間のほうが、はるかに問題なのです。

この点で、感心するのは、江戸時代の大学者である本居宣長です。松阪市の「本居宣長記念館」に残る彼の「メモ」を見ると、それが丁寧な字でびっしり書かれていて驚嘆するほかありません。「宣長の字は美しい。上手下手ではなく、ていねいで読みやすい。[注32]」というわけです。

それと、文書には、作成者、作成日付、タイトルを記入するというのは、文書作成の上での常識で、文書を整理するうえでも、文書を特定する上でも、たいへん重要なことです。

③整理する時間を限りなくゼロに

■必要な時に必要なだけ情報を集める

■一年以内に得た文書だけで仕事はできる

■情報をため込んで後で使うより、集める方法に習熟することが大事

情報の整理は、それ自体に価値を持つ面もありますが、基本的には仕事や生活をうまく運ぶための手段にすぎません。情報整理に毎日の生活で多くの時間を割くことは、本末転倒です。したがって、情報整理にかける時間は、短ければ短いほどよいわけです。そのためには、整理方法を工夫することは無論ですが、整理する対象を思い切って絞り込むことも大事です。一年以内に作成された文書だけで、ほとんどの仕事はできるという調査結果もあります。[注33] とにかく、何もしなければ、情報は溢れるほどやってくるのです。それをどのように絞るかがポイントな

のです。

④他人の頭と手足を借りる

■自分の収集テーマを他人に話しておく
■検索エンジンの活用
■データベースの活用
■図書館のレファレンス・サービスの活用

必要な情報を探すとき、まずは、自分が過去に集めた情報や文書の中から、探すことを誰もがすると思います。しかし、それだけでは、十分な量や内容の情報を得られないということが通常でしょう。世の中にある情報を探すもっとも一般的な方法は、最近では、検索エンジンを使ってネット上の情報を探すことでしょう。この方法は手軽で有効なことが多いですが、情報の量が多すぎたり、得られた情報が、中身の上で、玉石混交だったりして、その後の処理に困ることもあります。

データベースは、さまざまな分野において作成され、そこでは文献や情報を、必要に応じて探せるように、あらかじめ索引付けして検索しやすい形に整理してあります。データベースによっては、厳しい情報の採録基準を持っているものがあり、その場合は、データベースに収録されていること自体が、情報の質や信頼度の保証となっていると評価されるのです。また、図書館が行っているレファレンス・サービスと言う質問対応や文献入手のための人的サービスを利用する方法もあります。これは、情報の目利きである図書館員が、情報や文献の入手について、専門知識を駆使してお手伝いするもので、いまでは、ほとんどの図書館で行われています。

⑤素早く処理する

■情報の処理は、あくまで仕事の手段
■どんな本でも精読するという必要は無い。摘読の重要性を認識すること
■情報整理のための道具の活用。コンピュータ（ＰＣ）は最も強力
■コンピュータはボールペンやシャープペンと同じように道具

先ほど述べたように、情報の処理（整理）はあくまで手段ですから、コンピュータをうまく活用することは、その限りにおいて効果的です。コンピュータやＩＴ技術は、まずは、情報処理の効率向上が目標で、そのためには非常に強力な仕掛けです。もし、コンピュータが苦手であるという意識を持っている人がいたら、これは手段なのだと割り切ることです。

それと、本の読み方には、一ページ目から順を追って詳しく読む「精読」以外に、必要なところだけを見たり読んだりする「参照」や「摘読」、全体をさっと読む「斜め読み」、雑誌など

をぱらぱら見る「ブラウジング」などがあり、時間や目的によって使い分けることが欠かせません。どうもわが国で「読書」と言うと「精読」を意味することが多く、そうした読み方のみを評価したり、珍重したりする傾向にあることは、困ったものです。読書にもＴＰＯがあるのです。

⑥移動空間をフルに使う

■コマギレ時間の活用（授業の合間、電車の中、待ち合わせ時間など）
■作業をモジュール化
■いくつかの作業を同時並行で処理
■三種類の本を持って出かけよう
■ＰＣによる作業は、こうした時間で処理するのに好適

忙しい現代において、個人にとっても、組織にとっても、もっとも貴重な経営資源の一つは、「時間」であると言ってもいいでしょう。休日でない一日の中で、二時間、いや一時間、何をやってもいい完全に自由な時間を見つけるということは、ほとんどの人にとって不可能に近いと思います。とすれば、五分、一〇分、三〇分といったコマギレ時間をどう活用するかが、効率的な情報使いの上でのポイントになります。そのためには、作業をモジュール化して、いくつか

の作業を同時並行的に処理することが大事です。

学生なら、複数の科目を同時に勉強することは日常的なことでしょう。ビジネスに携わる人なら、同時に複数の営業先を持っているでしょう。それぞれの顧客が要求も評価の仕方も全部違うのが普通です。家庭で料理をするにせよ、いくつかの作業を同時にこなすことが求められます。

そのとき、一つの作業項目を何時間も続けて行うことは非現実的であり、かつ不可能です。つまり、同時並行的にさまざまな作業を行うということは、現代人にとっては、当然のことになっているのです。とすれば、時間の使い方に始まり、情報の扱い方もそれにふさわしいものでなければなりません。パソコンで文書を作成するのは、こうした生活スタイルに実に効果的な手段です。複数の文書を、順不同に、同時に少しずつ完成させてゆくなどと言う芸当は、PCと文書作成ソフトがなければ、おそらく不可能でしょう。

また、人間の気分や頭の働きと言うのは、まったく予想がつかないものです。たとえば、難しい本を一冊だけ持って出かけると、ぜんぜんその本を読む気分にならず、結局その本がお荷物になっただけだった、ということもあります。やわらかい本など、三つくらいのレベルや種類の本を持って出かければ、時間を有効に使って情報入手ができます。この点、電子書籍は実に便利で、さまざまな書籍を同時に持って行っても、ぜんぜん負担になりません。

⑦プレゼンテーション能力を高める

■まず、「良い聞き手」になる
■相手にわかることば、話し方で
■話しのうまい人のまねをすることから
■人の目を見て聞き、人の目を見て話しかける
■家族や友達に自分の日常の出来事を説明しよう
■パワーポイントの使い方に習熟する

プレゼンテーションは、別に、学術発表をする時や、顧客の前で製品を紹介する時だけに行うことではありません。一日の出来事を夕食時に家族に話すことから、自分が現在悩んでいる問題を友達に話す時にも、まずは、自分の経験を客観的に順序立ててわかりやすく話すことが求められます。そうでなければ、聞き手は状況がつかめず、適切な感想やアドバイスを提供することができません。

そこで、よい話をしようと思ったら、まずは、よい聞き手になることからスタートしてはどうでしょう。聞き手として習熟することは、よい話や話し方についての感度を磨くと言うことにほかなりません。その上で、しゃべりの達人の話し方をまねしてみるのです。政治家でも、芸人でも、自分の気に入った人の話し方をまねするのです。とにかく、話すことも一つの技術

です。練習したり、場数を踏んだりしなければ上達しません。パワーポイントの使い方の練習などは、実はそれからの話です。

⑧万が一の準備をしておく

■リスクマネジメント
■データはバックアップする
■急な病気、天災への対応
■他人がカバーできるように
■時間に余裕を持って行動
■忙しいことは、言い訳にならない

リスクマネジメントは、情報処理でも大事なポイントです。ここに挙げたことは、ほんの一例に過ぎません。情報の本質を知れば、効果的なリスク対応ができるようになります。是非、皆さんも自分の置かれた環境をもとに、色々考えてみてくださるとよいかと思います。

注30　日本経営協会ファイリング・デザイナー検定事務局『改訂版ファイリング・デザイナーテキスト』日本経営協会、二〇〇七年、一七―二〇ページ、に基づき内容を増補した。

注31 三菱総合研究所編『シンクタンク式情報戦略』リクルート出版部、一九八五年
注32 本居宣長記念館、吉田悦之『宣長の目―松阪の魅力―』松阪市産業経済部観光交流課、二〇一四年、二六ページ
注33 注30の文献による。

3 寺子屋方式による「情報リテラシー教育」の例

指導の手順と特色

前述した読解力の定義などからも分かるように、読解力、ないし情報リテラシーを習得させるには、「情報処理の原則」などを教えることが有効だと思われます。しかし、これはどちらかというと、「一般的処世術」の範囲に属することで、知的作業の中で、そうした注意を活かすには、よりきめ細かい指導が求められるでしょう。そのために、学生一人ひとりに、研究の手順を踏んで、知的生産の作業を行わせ、その中で個別指導に近い形を、中央大学文学部の「基礎演習」という科目(半期科目)で実践しました。これを仮に、【寺子屋方式による情報リテラシー

教育】と称することとして、以下にその概要を紹介します。

授業の流れは、以下のようになっています。

研究テーマの決定 → 研究企画書の作成 → 研究内容の図解 → 研究企画書と図解の口頭発表 → 情報の検索と収集 → 研究報告書の執筆 → 研究報告書の完成・提出

履修する各学生(一年生)が、それぞれ自由に研究テーマを選んで、一〇ページ以上(図表込み)の研究報告書を作成します。提出期限は、この科目の最終授業日です。九月に開始し、翌年の一月に終わります。

テーマの選択は、徹頭徹尾、学生自身の関心から出発させることにしています。自分の趣味に関することでも、アルバイトして感じたことでも、本や新聞を読んで疑問に思ったことでも、何でもよいのです。いずれにせよ、数か月の間、興味を持ち続けなければなりません。興味のあるテーマでこそ、自主的に情報収集や研究の意欲がわくと思います。一年生の段階では、テーマの内容より、研究の考え方や手順を学ぶことが先決なのです。きちんとした研究の手順を、日常的なテーマの中で、習得してもらうことが大事だと思います。情報収集や報告書作成の手続きを習得させることに主眼を置いているのです。

その際、ひとりひとりの個性を大事にします。三〇人弱の学生が、全員、異なるテーマを選ぶので指導する方は大変ですが、あくまでも学生の関心に寄り添ってポイントを理解させるという姿勢に徹しています。もちろん、学生によって進度の違いがあります。しかし、早い遅いはあっても、内容に精粗はあっても、全員に上記の手順を踏ませるのです。達成感を持たせるとともに、知的関心・知的興奮とはどういうものかを実感させることも目標です。こうした教育には、私がシンクタンクで得た経験が、役に立っています。シンクタンクでは、情報、環境、経済、社会開発、消費者問題、国際化などなど、実に多様なテーマで、プロジェクトに参加して調査研究したり、進捗管理したりしました。そうしたものの、いわば大学版です。

大事なテーマ決め

まず、参加した学生に、何を調べるか考えてもらいます。その内容は、前にも述べたように、社会のことで興味をひかれる事柄、趣味、好きなスポーツ、好きな芸能人、などなんでも良いと言います。もちろん、専門的な研究テーマであっても、全然かまわないわけです。

その際、テーマはできるだけ具体的に表現するように求めています。放っておくと漠然としたテーマを提示してくる学生が、多く出てきます。そこで、たとえば、「星座について」ではなく、

「夏に北半球で見える星座と南半球で見える星座のちがいとそのことがおよぼす文化的影響」、「イギリス人について」ではなく、「イギリス人の普通の家族の生活様式と日本人のそれとの違いについて」、「野球」についてではなく、「現代の野球において攻撃時に採用される各種の作戦の内容と効果について」など、具体的な例でこのことを理解させます。もちろん、「どうして〜なのだろうか」などの疑問形で表現される事柄も、テーマになり得ることも伝えます。本当は、こうした形でテーマ選びをさせるべきかも知れませんが、大学一年生には、ここまでは難しい気がしています。このテーマ決定に忍耐強く付き合うのが、教える側にとっての最初のハードルになります。しかし、学生の問題関心の芽を摘んでしまってはいけないと、自らに言い聞かせつつ、何とかやってきました。

ドイツの作曲家R・シューマンの『音楽と音楽家』に「多くの精神は、まず制限を感じた時に初めて自由に動きだす」という一節があります。(吉田秀和訳、岩波文庫、八八ジペー)これは、確かに人生の機微にふれた話だと思いますが、驚かされるのは、徹頭徹尾自由だと思われる芸術作品の創作に向けて言われていることです。音楽ですら。制限があってはじめてすぐれた作品ができることが多いのです。バッハの「音楽の捧げ物」はフリードリッヒ大王から与えられたテーマがあってはじめて生まれたし、ベートーヴェンやブラームスの万華鏡のような千変万化の変奏曲は、まさに、ディアベリやハイドンの主題の下で生まれ出たのです。まさに、くびきを逆用しています。

研究というものは、まず、何かの制限がなければ出発することは難しいのではないでしょうか。それとともに研究で一番難しいのは、実は、この「制限の設定」つまり、「テーマの決定」を自分自身で行うことです。実は、テーマの決定には、相当の実力が要ります。テーマを他人から与えてもらうと、実に楽になります。今回の指導の問題は「テーマのユニークさ」よりもテーマにしたがっていかにキチンとした手順で研究を進めたかが大事なのです。いたずらにテーマのユニークさを主張しても実力がなければ「遼東の豕（いのこ）」になりかねません。もし、ユニークで価値のあるテーマを独力で探せるようならば、その人はすでに、研究者として一定の実力を備えているのでしょう。

研究企画書を作る

テーマが決まったら、研究の目標や内容項目を考えさせて、研究企画書を作成してもらいます。これから行う研究について、事前に見取り図や設計図を描くことは、未経験に近いのかも知れません。しかし、家を建てるのに、いきなり建て始めることはありません。知的作業である研究も、それと同じことで、最初に見通しを立て、計画を立案して、それにしたがって進めることが大事なのです。その上で、偶然に何かを発見することもあるでしょう。これまで、何か文章を書くとしても、いきなり本文を書いていた習慣を捨てて、知的作業を決められたプロセスに準拠して進めることを身につけることが、この段階の目的です。

ここまでできたら、全員について、それぞれ「研究企画書」と「研究の図解」を、プロジェクターで映して発表し、自分がどのような研究を行おうとしているのか、皆の前で説明してもらいます。これまでが文書によるプレゼンテーションであって、ここで行うのは口頭のプレゼンテーションです。研究企画書や研究の図解を器用に作る学生でも、口頭のプレゼンテーションは、苦手な者もいます。

学生の選んだテーマ

学生は、現実には、図表42のようなテーマを考えました。これらは、もちろん順不同に提示されたものですが、説明の便宜上、いくつかに分類してあります。

これを見ると、学生が実に多様な関心を抱いていることが分かります。しかし、個々のテーマは、最初からこのように整理された形で示されたわけではなく、最初に学生が持ってきた時は、研究テーマとしては不十分なものもありましたが、話し合ってだんだんよいテーマにして

図表42. 学生の決めたテーマ一覧

a）社会と歴史を見る目
- 歴史的事実に基づく報道を評価するために必要な知識とは
- 少子化の様々な要因の比較と対策
- 日本における電子マネー　―現状と将来見通し―
- シャンプー市場における各社の販売戦略と売り上げ
- 江戸庶民の暮らしと現代
- 流行語はその年の世相を反映しているか
- 戦後日本人の太平洋戦争認識の変化と、それをもたらした日本政治・社会の変容

b）国際化と日本
- アフガニスタンにおける子ども難民の歴史的研究と現状の問題
- 日本の花火と外国の花火の違いに見る民族性
- 和図書における翻訳図書の量の変遷
- 韓国の家庭料理から見る韓国人の生活と暮らし
- イギリスのティータイムと日本の茶道の社交場としての役割の変遷と相違

c）文化・スポーツへの関心
- 黒沢明の「羅生門」と、原作芥川龍之介の「藪の中」の比較
- 音楽による癒しの効果
- オペラの歴史と変遷
- ジャンル分けが音楽にもたらす影響
- 日本のプロ野球における外国人選手の成績と所属チームの順位変動の関連
- 児童書の定義は何か
- コナン・ドイル、アガサ・クリスティの紹介と作り出した探偵像の比較
- 興行収入が十億円以上の邦画タイトルの動向の研究

d）身近な疑問
- ケーキショップ“ITALIAN TOMATO”の経営の特色
- お客さんの絶えない店の心理戦略とその効果
- 好まれる容姿とは一体何なのか
- 血液型と性格の関係
- 近年、なぜ日本茶の需要が増加したのか
- 衣服の役割と効果―身分・職業との関連を中心に―
- 結婚について―お付き合い期間の長短は何をもたらすか？―

いったのです。教師たる者は、できる限り、こうした「興味の芽」を大事にして育ててやる必要があると思います。教師は、「前から引っ張る」のでなく、「後ろからそっと油断なく見守る」べきであると思います。これは、忍耐力が要るとともに、一人ひとり問題関心の異なる学生に対応する柔軟さが求められるのでしょう。

大学教員の本当の役目は、学生を無理やり一つの方向に引っ張ってゆくのではなく、かれら一人一人がどのような方向に伸びようとしているのかを見極めて、その芽にそっと水をかけてやることなのではないでしょうか。このことは、音楽界の帝王といわれた名指揮者のヘルベルト・フォン・カラヤンが、指揮の極意について聞かれたとき、「オーケストラをドライヴするな、キャリーしろ」（岩城宏之『フィルハーモニーの風景』岩波新書）と答えたという逸話と、似たところがあるように思います。（これは、オーケストラの指揮を乗馬にたとえたもので、ドライヴとは、オーケストラの一挙手一投足を、すべて指揮者の考えたとおりに引っ張って行くことであり、キャリーとは、楽員の自発性にまかせて演奏させながら、それでいて指揮者の考えが、楽員全員に浸透して方向付けされている状況であるとされています。）

学生は、オーケストラほど成熟したメンバーではないので、このことは、学生の教育にとっては一層大事だと思います。

図書館やデータベースの必要性を伝える

学生が自主的に勉強を進めるためには、学生が自ら情報を集め、自ら思索し、自ら知的生産に携わる環境が必要です。そのための施設、あるいはシステムとして、図書館やデータベースほどふさわしいものはありません。いつだったか、図書館情報学とは無縁の分野の大学院生に、書名や著者名からでなく、分類や件名からの情報探索法を伝授したら、まるで不思議なものでも見るような顔をされました。こんなことで、本当に先行研究の調査などできるのだろうかと、不安になったものです。学校教育において、コンピュータの操作に割く時間の半分でも、図書館の使い方を、いや図書館というものがどのような原理で構成されているのかを教えれば、今の大学を徘徊する「迷える研究者」としての大学生や大学院生の数は、間違いなく減少することでしょう。データベースについても同じようなことが言えます。

そのためには、図書館で仕事をする人々が、もっともっと利用者教育に力を入れるべきではないでしょうか。とにかく、利用者の図書館に対する理解のレベルを上げることです。最近は、図書館を、学習を進めるための場所として、位置づけて運用する「ラーニングコモンズ」の考え方が、大学図書館を中心に普及しつつあります。とにかく、図書館やデータベースは、使う側の実力があればあるほど、多くの収穫を返してくれる無尽蔵の宝物庫のようなものなのですから。

4 情報リテラシー教育で習得させるべき技術・能力

学習と研究のプロセス

授業を中心とした学習と自分で行う研究のプロセスを図示すると、以下のようになります。

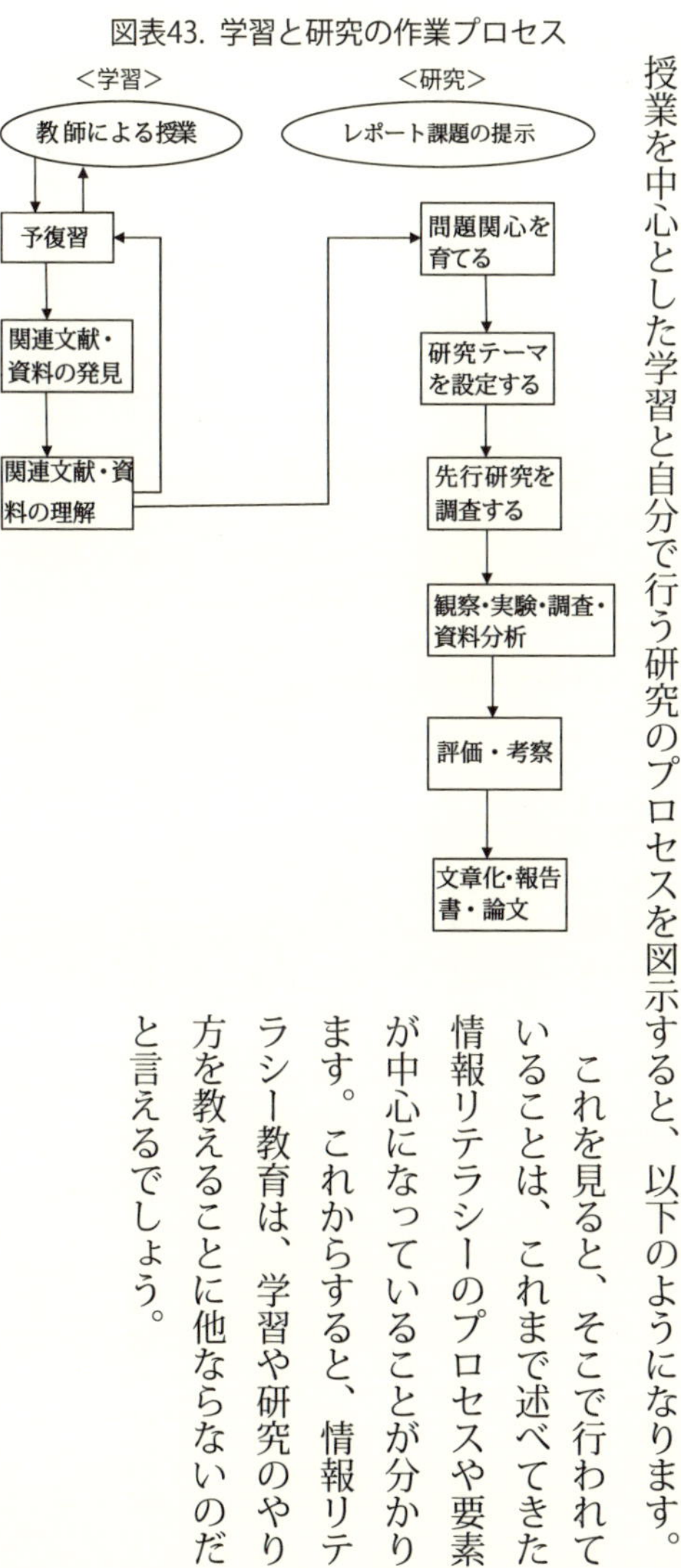

図表43. 学習と研究の作業プロセス

これを見ると、そこで行われていることは、これまで述べてきた情報リテラシーのプロセスや要素が中心になっていることが分かります。これからすると、情報リテラシー教育は、学習や研究のやり方を教えることに他ならないのだと言えるでしょう。

習得すべき能力・技術

ここまでの議論を整理してみると、情報リテラシー教育において習得すべき能力や技術は、図表44のようになりましょう。

図表44. 情報リテラシー教育において習得すべき能力や技術

①学習・研究における情報の価値と意義の理解
②情報収集の方法
③情報の分析・加工の方法
④情報の評価法
⑤研究結果の文章化の方法

④は、さらに学問の分野別に深めて、教えることが望ましいでしょう。

⑤については、「文章作成法」などの別科目に発展させて、教えるべきであると思われます。

最後に、これに関連して、情報リテラシー教育を受ける学生・生徒の注意を喚起する事項は、図表45のように要約できます。

図表45. 学生・生徒の注意を喚起するべき事項

①情報は、意思決定や行動のための基本的資源である。
②時間は希少な資源である。
③つまり、時間は有限であり、情報は無限大であるから、情報管理は時間管理でもある。
④一方、情報には、フローとストックがある。
⑤コミュニケーションとは、相手が理解して初めて意味を持つものである。
⑥仕事の結果の優劣のかなりの部分は、情報処理能力による。
⑦情報から何を読み取るか。
⑧情報をどう組み合わせて価値を生み出すか

したがって、情報リテラシーの中で、もっとも大事なことは、「得た情報を、目的に合わせて自分の中で再構成する力」であると言えましょうか。こうした能力を究極的に獲得できるようにすることが、情報リテラシー教育の目標でなければならないのです。

読書と若者

先日、東京都八王子市教育委員会と東京八王子西ロータリークラブとが共同主催した「読書感想文コンクール」の審査員を務めました。これは、小学校一~三学年、小学校四~六学年、中学生の三部門に分かれて、本を読んだ感想文を投稿して、その内容を競うものです。読書離れが言われる中、全体で三〇〇〇件を大きく超える応募がありました。これらを読んでみて感じたことは、読書の感動が、実に活き活きと、しかも自分の言葉で、語られる時の迫力でした。言葉遣いや表現は稚拙であっても、胸に迫るような文章がいくつもありました。

手元にある毎日新聞社の『2011読書世論調査』に収録された「学校読書調査」によると、小学生では、読書について「楽しいこと」というイメージを持っている者が、全体の六八・五%であるのに、中学校では、同五七・七%、高校では、同四七・六%と、比率が減少していきます。読書を、「良いこと」としている比率についても、ほぼ同様でした。読書に対し「役に立つこと」というイメージを持っている者に至っては、小学校六五・五%、中学校四九・八%、高校四五・八%、と激減していると言ってよいほどです。ちなみに、"2010Kids &

Family Reading Report”によるアメリカの状況を見ると、「本を読み終えたことの達成感」という調査項目があり、そこでは、六―八歳で九三%が達成感を感じており、これが、九―一一歳八六%、一二―一四歳八〇%、一五―一七歳八五%と推移しています。調査項目や方法が異なるので、単純な比較はできませんが、少なくともここで見る限り、アメリカでは、日本のように十代になって読書離れが進む、という現象は、あまり顕在化していないようです。

この状況の説明要因として、よく言われるのは、受験勉強の影響です。“NOP World Culture Score”によると、主要国民の読書時間について、日本は、最下位の韓国に次いで「ブービー賞」です。日本も韓国も受験戦争の厳しさでは有名です。なお、一位はインド、二位タイ、三位中国、で、どうもこの数字の解釈には苦慮する点もあります。

いずれにせよ、インターネット上には、信頼性に欠けたり、悪意を持って流布されたりした情報が散在しています。日ごろ、これらに接する際に大事なことは、情報の真偽や価値を見分ける目だといわれています。しかし、そうした評価眼をどのように養ったらよいのかは、議論されることが少ないようです。よく、「人間力」とか、「人格の力」とかが関係すると言われます。これも、まことに抽象的な表現で、それをどのように身につけるかは、明らかになっているとは言えません。

読書は、そうした評価眼を育てる一つの手段になりうると思います。読書は、先人たちの思索や人生を追体験する得難い、しかし大変手軽な機会です。人間性を構築するもっとも大事な時期に、読書から離れて行ってしまうわが国青少年の今の在り様に、漠然とした危機感を覚えています。大学生の皆さんも、広く本を読んで、そこにあるものをよく消化し、自分のものとして、それによって自らの知的基盤や精神世界を形成してほしいと願っています。

冷静な頭脳と温かい心

二〇一二年は、山中伸弥京都大学教授のノーベル賞受賞に、日本国中が沸きました。私は、教授のさまざまな言動を見聞きするたびに、経済学の碩学アルフレッド・マーシャル（Alfred Marshall）の言葉を思い起こします。マーシャルは、ケンブリッジ大学における自らの使命を述べた講演の中で、「本学が、社会的苦難の解決に最善を尽くして取り組む意志のある、冷静な頭脳と温かい心（"cool heads but warm hearts"）を持つ力強い人々を輩出することに、自らの努力を傾けたい」と言っています。この言葉の意味を考えてみたいのです。

研究を実り多いものにするためには、崇高な理想や目的、研究に対する熱情、研究のための的確な手法と記述方式が、ともに必要です。いくら理想に燃えて、情熱を傾けて研究をしても、それが皆の共有財産としての資格と形式を持たない「私小説」のようになっては価値がないし、また、見事な分析や非の打ち所のない形式の論文であっても、その背後に、著者の研究への熱意や研究によって社会や人々に貢献したいという意志が感じられないものは、心に響いてきません。公表されているさまざまな研究論文を見ていると、この両者がともに満たされているものが、そんなに多くない気がします。そんなとき、どうするか。それには、まず、上滑りをしてはいけないと思います。確実で堅固な手法と形式を守ることこそが、まずは大事なのです。決められた形式の中に、自分の思いや熱情を籠めるのです。これには、絶えざる訓練と勉強が必要でしょう。

突飛な譬えかもしれませんが、バッハやベートーヴェンは、「変奏曲」という堅固で、ある意味で融通の利かない形式の枠の中で、「ゴールドベルク変奏曲」や「ディアベリ変奏曲」といった傑作を書き上げました。ご承知のように、ブラームスなどの作曲家も、これらに続く秀作をものしています。

翻ってスポーツの世界では、箱根駅伝が、お正月に行われています。テレビにかじりついて観戦された方もいるかと思います。研究は、多くの人で行うリレーや駅伝競走のようなものです。自分の記録も大事ですが、チームの成績はもっと大事です。研究の場合は、チームとは、その学問領域といってもよいし、大きくとらえれば人類全体だといってもよいでしょう。山中教授は、まさにこの意味で、当該学問領域で、見事に「区間賞」をとったのです。

9

情報政策についての提言

1 データベース構築の便法

データベース構築には、さまざまな工夫と人手による作業が必要です。もちろん、自動化が可能な部分もありますが、膨大な財政赤字を抱える現在の日本政府の状況では、データベース構築に当たっては、大いなる困難があると思われます。ところが、それを軽微な経費で行う方策があります。

わが国は、高度な科学技術を企業、研究機関、大学等で発展させてきました。しかし、その担い手となった研究者、技術者も定年で組織を離れることになります。もちろん、能力や知識を活かして、再就職し活躍している人もおられるでしょう。しかし、悠々自適の生活をしている人も多いと思います。その人たちも、生き甲斐をもって、毎日を送って行きたいと思っているに違いありません。ボランティアをしたり、地域の活動に参加したり、講座を受講して新たな知識や能力を身につけたり、趣味を深めたり、いろいろバラエティに富む生活を送っているのでしょう。その一方で、こうした人達は、永年組織で従事してきた仕事についての知識や経験を、社会のために何とか活かしたい、とも願っているのだと思います。かといって、元の組織に戻ろうとしても、それは、制度上、難しい、あるいは、後進の人々の雇用機会を奪うことになるとして、切歯扼腕の思いを抱えているかも知れません。

図表46で見ると、高齢者の六割が、「趣味や勉強」を大切にしたいと思っているのです。また、別の設問で、三割近くの高齢者が、生き甲斐を得るために働きたいと思っています。

研究者や技術者は、特定分野の知識が深く、豊富な人達です。この人たちに、その知識を活かして、抄録作成やデータベース構築を担当してもらったらどうでしょう。それもできれば、ボランティアでです。自分の分野に関係の深い論文や文献を読んで、その内容を要約し、必要なキーワードを付けるのです。こうした操作をすることで、あとでずっと探しやすくなります。さらに、分野別の分類を付ければ、分野から探すことができます。何にも知らない素人がやるより、遙かに優れたアウトプットを生み出せるでしょう。その成果は、コンピュータが自動的に処理して生み出すものよりも、優れていると思います。残念ながら現在流通している日本のデータベースでは、本格的なインデクシングは、あまり行われていないのです。

図表46. 高齢期の生活で大切にしたいこと（複数回答）

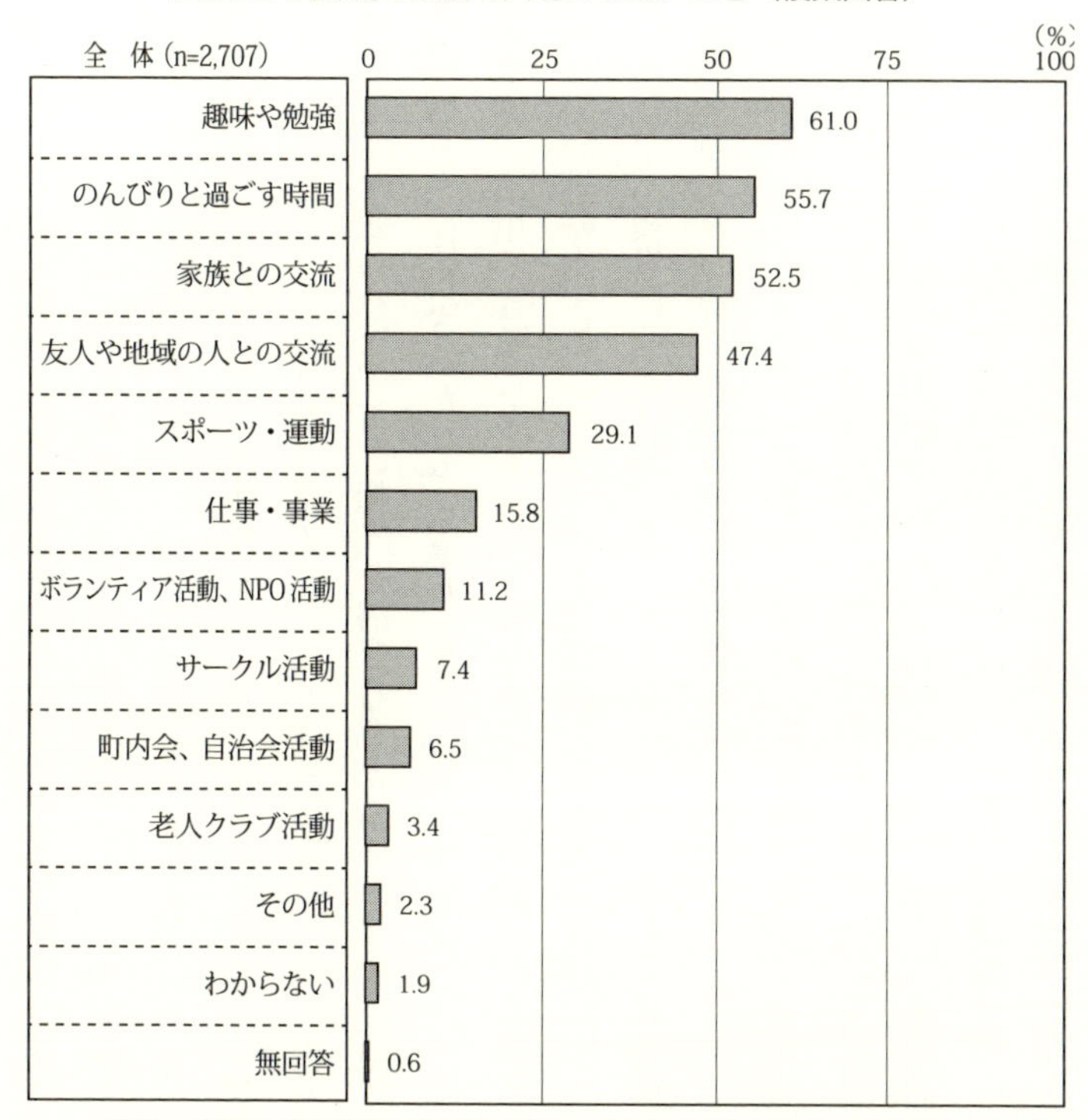

資料：内閣府「高齢期に向けた『備え』に関する意識調査〔概要版〕」2013年

シルバーの人達にとっては、自分の知識や経験が生かせ、勉強になり、社会の役に立ち、結果は後世に残る、と正にいいことずくめです。生き甲斐をもって取り組むことができるでしょう。報酬は、もしかしたら二の次です。というより、報酬のために行う仕事ではないでしょう。

もちろん、科学技術は常に進歩していますから、こうしたシルバー人材の持っている知識が陳腐化してしまっているという恐れはあります。ただ、先進国では、すでに過去のものとなった技術でも、時代と場所が変われば、再び脚光を浴びることもあります。石炭についての技術が、石油の枯渇を前にして、注目されたこともあります。また、先進国では、過去の技術となったものが、発展途上国で活用できることもあるでしょう。その意味で、こうした抄録をデータベース化し、翻訳して海外輸出することで、日本は情報の輸出国になれるかも知れません。なにより、尊敬される仕事、後世に残る仕事、その人でなければできない仕事をやっているという満足感が、シルバーの人達の胸に広がるでしょう。

より即効性のあるデータベース産業の活性化方策は、主要な海外企業を買収することかも知れません。情報分野では、通信会社等を買収する動きがありますが、コンテンツ産業の買収は、あまり聞いたことがありません。情報化社会を制するためには、手段である通信のみでなく、データベースや電子ジャーナルの取得が必要なことは、これまでの議論で明らかです。これについては、より詳しい分析が必要ですが、本書の範囲を超えていると思われるので、ここでは指摘だけで止めておきます。

2　研究者評価と英語

研究者の評価に、海外の「ブランド雑誌」が深く関わっている現状は、なかなか変わらないかも知れません。なにより、一人の研究者がそういう風潮に抗ってみても、所詮、「蟷螂の斧」でしょう。それに対する有効な対策は、日本政府等が研究者に補助金を出す時に、国内雑誌に成果を投稿することを義務づけることかも知れません。ただし、これは、成果発表の自由を奪うことになり、研究コミュニティの大いなる反発を招きそうです。それよりも可能性のあるのは、大学で教員を採用したり、研究機関でスタッフを募集したりする時に、国内での成果発表について積極的に評価するような仕組みを導入することでしょう。いずれにしても、政策的な誘導が必要であることは、事実です。

世界で最も有名で規模も大きい医学論文のデータベースであるＭＥＤＬＩＮＥに収録された論文が何語で書かれているか、ということを年代別に示したのが、図表47です。

この表を見ると、一九六〇年代前半までは、英語とそれ以外の言語で書かれた論文は、ほぼ

図表47. MEDLINEの掲載論文の言語分布

（単位：%）

年代	英語論文	英語以外による論文
1950-54	46	54
1960-64	49	51
1970-74	63	37
1980-84	74	26
1990-94	84	16
2000-04	89	11
2010-14	93	7

資料：米国医学図書館（NLM）ホームページ

拮抗していました。私の学生時代に、医学をやるなら、ドイツ語を勉強しなさい、などと言われていたこととも符合します。ところが、一九七〇年代になると、徐々に、いや急速に英語論文の比率が高まり、最近では、医学論文の、何と九割以上が英語で書かれるようになっています。想像以上の「英語優位」の進行です。今や、日本人であっても、世界で読んでもらう医学論文を書こうと思ったら、英語で書くことが常識になっているのです。ただ、論文を書くと言っても日本語をそのまま英語を直せばよいのではありません。英語論文特有の言い回し、また、全体の構成も日本語とは、違ってきます。付け焼き刃で英語論文を書いても、なかなか洗練されたものにはなりにくい、という現実があります。

よく、語学は学校（広い意味での）で勉強するものだとの認識があります。しかし、本当に言語をものにするには、その言葉を使って考えたり、表現したりしなければならない気がします。教室だけでなく、日常生活の場面において、英語を使うようにならなければ、なかなか、真の意味での英語力は向上しないように思われます。

駅や公共機関などに見られる注意書きには、日本語と英語が併記されているものが多くなりました。たとえば、手洗いの水道の蛇口の近くには、「この水は、飲料水としては使えません。」などと書いてあります。この英訳は何でしょうか。かつて、大学の学生にこの問題を出したことがありますが、“This water is not for drinking.”と答えた学生がいて、もちろん間違いではありません。しかし、普通はこんな迂遠な言い方をせず、単に“Do not drink”と言えばよいのです。また、私の勤めている学校で、非常時の避難に関する注意書きの中で、「落ち着いて身の安全を図ってください。」とのくだりがあるのですが、その英語は、“Panic may hurt you.”です。なかなか、こんな表現は出てきません。

先頃、ベルギーを訪ねた時に、掲示がオランダ語とフランス語で書いてあるのに気づきました。これは、もちろん、それぞれの言葉を話す人々が住んでいるからです。日常生活で英語を使うようにする一つのやり方は、日本で流通している役所の申請文書などに日本語と英語を併記することではないでしょうか。これは、まったく手段的なことで、文化の破壊ではないと思います。

それとともに、学校教育の中で、英語による論文の書き方の教育を行うことが重要だと思います。確かに、国際化された世界では、話をすることは、大事で、旅行や日常生活では、英語で口頭のコミュニケーションをとることが欠かせません。しかし、学術の世界では、まず洗練された英語で書かれ、論理的な文章で組み立てられた論文を書くことが必要です。そうでなければ、研究成果を認めてもらって、研究コミュニティの一員に迎え入れてもらうことは難しいと思います。

3　図書館や分類法についての教育

ＮＤＣ（日本十進分類法）は、日本中の多くの図書館で採用されている分類法です。図書館では、そのルールに従って、図書資料が配置されています。今は、利用者は図書館に行って初めてその分類の仕方の、それもごく大枠を知らされ、それによって本を探しています。もし、このＮＤＣをあらかじめ勉強して身につけておけば、いざ、図書館に行った時、より効率的に目的の資料を探して、必要な情報を入手できるようになる可能性があります。現状では、ＮＤＣは、それを作成している日本図書館協会（ＪＬＡ）が有償で販売しています。ＪＬＡの厳しい財政を考えれば、これはやむを得ない措置だと思いますが、分類表というものは、それ自体が社会的共通資本です。無償で誰でもが便利な仕方で入手できることが望ましいのです。

提案したいのは、日本政府がＮＤＣ作成についての補助金を支出し、ＪＬＡはそれを原資に

ＮＤＣの作成と改訂を行い、これを無償でインターネット上に公開することです。そして、このＮＤＣの仕組みと内容を、高校の「情報」の授業で教えることです。さらに、ＮＤＣを公開すれば、日本の図書館における資料の分野別統計やそうしたデータをもとにした新たな研究が行われる可能性が出てきます。

4　索引と図書館の価値

国内出版物では、索引を付けた本が少ないと言うことは、日本人の本の読み方にも関係があるかも知れません。日本で「読書」というと、一つの本を、最初から順を追って読み通すことを指すことが多いようです。いわゆる「精読」です。しかし、これだけ情報量の多い世の中で、すべての本についてこういう読み方をすることは不可能です。拾い読みをしたり、摘み読みをしたり、その本の全体をざっと、あるいは一部分を詳しく読むと行った読書行動が必要になっていることは間違いがないと思います。学習、研究、調査で資料を参照する時は、こうした読み方をすることが非常に多いのです。後者のような読み方にとって重要なのは、本に付けられた「索引」の存在です。それが、貧弱であることは、日本人全体の調査能力が貧しいことになってしまうとも考えられます。

図書館の価値は、何によって決まるのでしょうか。まず考えられるのは、所蔵資料の価値の合計ということでしょう。でも、それだけでしょうか。所蔵資料は、図書館員がこれはと思う資料を、選択した結果です。その意味で、所蔵資料全体のまとまり、つまりコレクションにも価値があるのです。つまり､図書館の価値は､「所蔵資料個々の価値の総和」プラス「コレクションの価値」なのです。この点は、分野を限定して資料収集している専門図書館に大変有利な点です。コレクションは、いわばリンクの集積ですから、その価値は、仮にすべての資料が電子化されたとしても残るでしょう。

図書館の価値については、前に示した英国図書館の例に見られるように、投入予算の何倍かの価値が社会に戻ってくるのです。図書館は、ランガナータンが言うように「有機体」なのです。[注34]

注34　S・R・ランガナタン（森耕一監訳）『図書館学の五法則』日本図書館協会、一九八一年

5 専門図書館の意義

昨今、いくつかの自治体による補助金削減により、図書館が閉鎖縮小に追い込まれています。そういった図書館には、そこにしかない貴重なものもあるでしょうが、もっと問題なのは、コレクションを破壊することです。これは検索エンジンの力によっても容易には復元できないものです。特定分野の図書資料を収集して配置している図書館を、専門図書館と呼びます。専門図書館というと、何か特殊な変わった図書館と思われていて、公共図書館に比べて、認知度も低いようです。公共図書館には、森羅万象、あらゆる分野の資料が置いてあります。ところが、最近では、ビジネス支援だとか、健康・医療情報だとか、特定分野の資料を取り揃えてサービスすることに、力を入れています。これは、公共図書館が、ある部分において「専門図書館化」している現象だと申せましょう。だいたい、選書基準なるものだって、主題分野をフォーカスするから成立するわけです。グーグルによるネット検索は、分野を特定しない網羅的な森羅万象については、威力を発揮するのです。公共図書館は、それと真っ向から対抗しなければならない。が、分野を特定して検索することは、グーグルのやや苦手とするところです。専門図書館は、そこに活路があるのではないでしょうか。

専門図書館は、ネット時代に最後まで生き残る図書館かもしれません。専門図書館は、ご承知のように、活動の目的はさまざまですが、特定分野の資料に特化して、収集・提供しているところに共通性があります。では、そこに働く専門図書館員は、何を強みとして仕事に臨んでいけばよいのでしょうか。収集している個々の資料に詳しい方もいるでしょう。それが、書誌、年鑑、名簿といったレファレンス資料の場合は、それがそのまま図書館員の強みになります。

では、各分野の一般資料の場合はどうでしょうか。どの分野にも専門の研究者や調査者がいて、その人には、かなわないという場合が多いと思います。では、専門図書館員は、そこでは勝ち目がないのでしょうか。個々の資料についての知識で勝負すると、なかなか難しいでしょう。でも、図書館員がさまざまな資料について、全体を眺める機会を持ち、鳥瞰的視野を持っていることを想い起こしてください。専門図書館員は、その分野の「資料群」についての評価眼を持っているのです。平たく言えば、資料と資料の関係——内容が類似しているとか、著者による差異があるとか、力点の置き方が違うとか、そうした資料同士の比較についての知識や経験を持っているのです。図書館員は、「資料の専門家」ではなく「資料と資料の関係の専門家」だということを肝に銘じるべきだと思います。

6　まとめ

これまで述べてきたことを踏まえ、我が国の情報政策について、次の事項を提言したいと思います。

(1)　シルバーにデータベース構築、抄録作成を
(2)　有力なデータベース、電子ジャーナルの育成と買収を
(3)　研究への補助金投下と成果発表の連動性の確保を
(4)　研究者評価のための新たな枠組みの開発を
(5)　レポートや論文を英語で書く訓練をしよう
(6)　ＮＤＣを高校で教えよう
(7)　本には、必ず索引を付けよう
(8)　専門図書館を増やそう
(9)　図書館への投資は乗数効果があることを認識せよ
(10)　情報ストック形成へのより積極的な資金投下を

いかがでしょうか。荒唐無稽と思われることもあるかも知れませんが。こうしたことが、地道ではありますが、情報と日本人の関係を新たな段階に移行させるための鍵となると信じています。日本は、国民の教育水準、研究動向、産業活動のいずれをとっても、世界で第一流のレベルにあると思います。ただ、その成果を整理して、情報や記録として残してゆく努力に不十分な面があったように思われます。これからは、国民一人一人が、情報資源や情報ストックの重要性を認識することが大事です。そして、国やその他の公的団体や民間の組織が、情報資源や情報ストックの形成に、より多くの経営資源を投入することが、日本再生の早道なのです。

主な参照文献

David A. Vise他“The Google Story” Delta Trade Paperbacks 二〇〇五年
ウィーナー著 池原止戈夫訳『人間機械論 サイバネティックスと社会』みすず書房 一九五四年
シヴァ・ヴァイデンナサン著、久保儀明訳『グーグル化の見えざる代償 ―ウェブ・書籍・知識・記憶の変容』インプレスジャパン 二〇一二年
ハヤカワ著、大久保忠利訳『思考と行動における言語 原書第四版』岩波書店 一九八五年
フーグマン著、情報・インデクシング研究会訳『情報・データベース構築の基礎理論』情報科学技術協会
もり・きよし原編、日本図書館協会分類委員会改訂編集『日本十進分類法 新訂一〇版 一本表・補助表編』日本図書館協会 二〇一四年
もり・きよし原編、日本図書館協会分類委員会改訂編集『日本十進分類法 新訂一〇版 二相関索引・使用法編』日本図書館協会 二〇一四年
もり・きよし原編、日本図書館協会分類委員会改訂編集『日本十進分類法 新訂九版 本表編』日本図書館協会 一九九五年

もり・きよし原編、日本図書館協会分類委員会改訂編集『日本十進分類法　新訂九版　一般補助表・相関索引編』日本図書館協会　一九九五年
ヤング著、今井茂雄訳『アイデアのつくり方』阪急コミュニケーションズ　一九八八年
ワインバーガー著、柏野零訳『インターネットはいかに知の秩序を変えるか?』エナジクス　二〇〇八年
宇沢弘文『経済に人間らしさを　―社会的共通資本と協同セクター―』（かもがわブックレット、一二〇）かもがわ出版　一九九八年
宇沢弘文『社会的共通資本』岩波書店　二〇〇〇年
加藤秀俊『情報行動』中央公論社　一九七二年
久保田博『鉄道重大事故の歴史』グランプリ出版　二〇〇〇年
窪田輝蔵『科学を計る―ガーフィールドとインパクトファクター―』インターメディカル　一九九六年
佐々木冨泰、網谷りょういち『続・事故の鉄道史』日本経済評論社　一九九五年
山崎茂明『インパクトファクターを解き明かす』情報科学技術協会　二〇〇四年
山之内秀一郎『なぜ起こる鉄道事故』朝日新聞社　二〇〇五年
山﨑久道『専門図書館経営論』日外アソシエーツ　一九九九年

森健『グーグル・アマゾン化する社会』光文社　二〇〇六年
図書館情報学ハンドブック編集委員会『図書館情報学ハンドブック　第二版』丸善　一九九九年
総務省編『情報通信白書　平成二六年版』日経印刷　二〇一四年
増田米二『情報経済学』産業能率大学出版部　一九七六年
瀧保夫『情報論I』岩波書店　一九七八年
中村幸雄『情報検索理論の基礎―批判と再検討―』共立出版　一九九八年
朝日新聞　東京朝刊、一九五一年四月二五日（朝日新聞社「聞蔵IIビジュアル」による）
内閣官房国家戦略室編『日本再生戦略〜フロンティアを拓き、「共創の国」へ〜』経済産業調査会　二〇一二年
内閣府編『高齢化白書　平成二六年版』日経印刷　二〇一四年
梅棹忠夫『梅棹忠夫著作集　第一四巻　情報と文明』中央公論社　一九九一年
野口悠紀雄『情報の経済理論』東洋経済新報社　一九七四年
経済産業省商務情報政策局監修、データベース振興センター編『データベース白書二〇〇二―ブロードバンド社会を支える知的資源―』データベース振興センター　二〇〇二年
経済産業省商務情報政策局監修、データベース振興センター編『データベース白書二〇〇四―ユビキタス社会を支える知的資源―』データベース振興センター　二〇〇四年

あとがきにかえて　―図書館サポートフォーラム（ＬＳＦ）賞のこと―

今から二〇年近く前のこと、経団連図書館でかつて専門図書館の生き生きとしたモデルを提示され、専門図書館協議会の運営やＩＦＬＡ（International Federation of Library Associations and Institutions, 国際図書館連盟）東京大会の展示会の企画実施で活躍された末吉哲郎さんが、図書館の存在感やその価値をより広く世の中に知らせるための団体を作ることを提唱されました。そのためには、図書館を「卒業」したベテランが連携し、切磋琢磨して、現役の図書館員や情報の世界で仕事をしている人を顕彰し、励ますような活動をしなければならないというのが、氏の考えでした。これに対して、日外アソシエーツ(株)の大高利夫社長が賛意を表され、この新たな会の事務局を引き受けてくださることになりました。

上記のような会の目的を達成するために、発足当初から、「図書館サポートフォーラム賞」を設け、毎年、この世界で功績のあった方々や団体を表彰し続けています。表彰に当たって考慮されていることは、次の三点です。

図表48. 図書館サポートフォーラムの授賞理由の分析結果

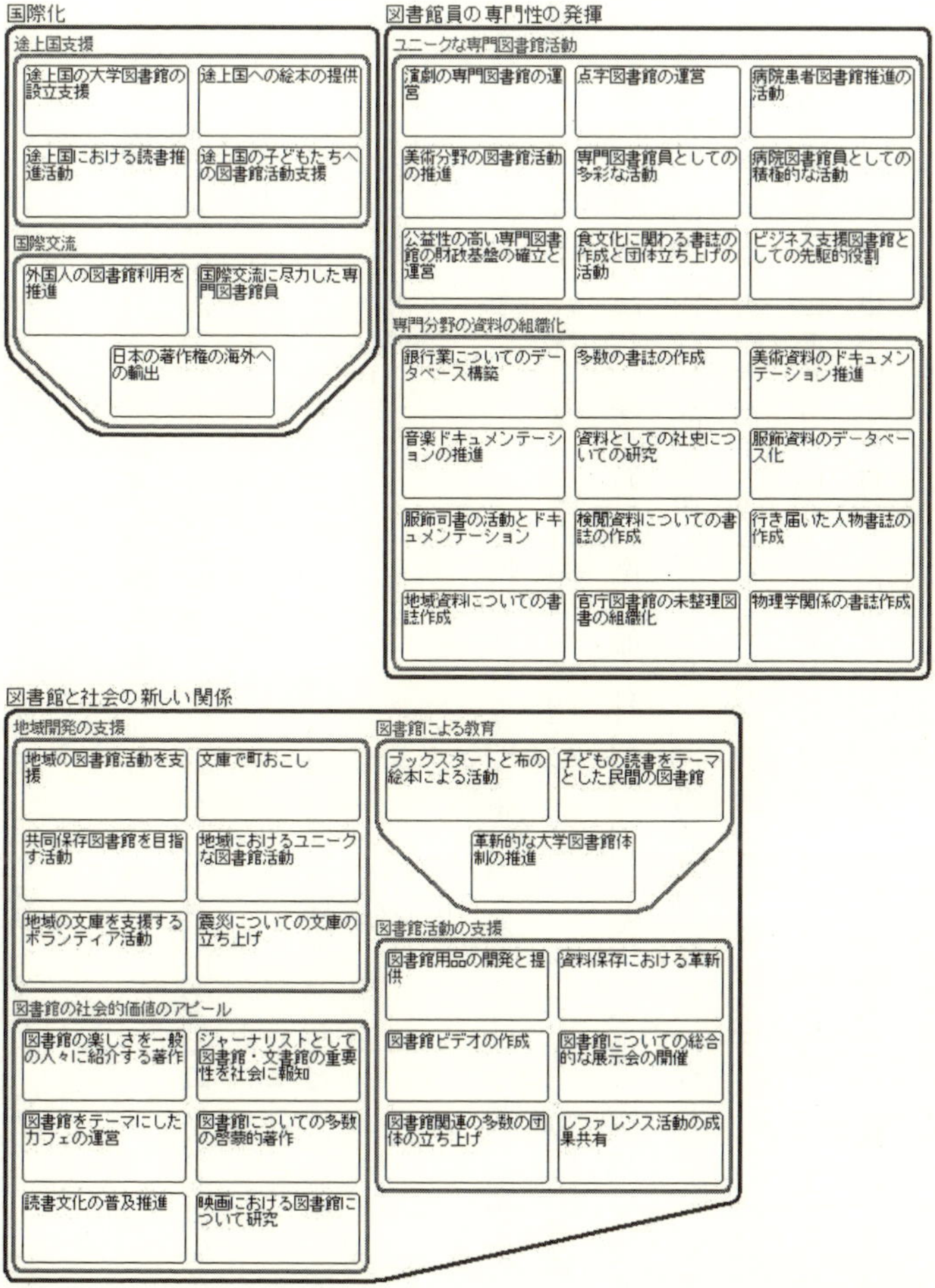

国際化

途上国支援
- 途上国の大学図書館の設立支援
- 途上国への絵本の提供
- 途上国における読書推進活動
- 途上国の子どもたちへの図書館活動支援

国際交流
- 外国人の図書館利用を推進
- 国際交流に尽力した専門図書館員
- 日本の著作権の海外への輸出

図書館員の専門性の発揮

ユニークな専門図書館活動
- 演劇の専門図書館の運営
- 点字図書館の運営
- 病院患者図書館推進の活動
- 美術分野の図書館活動の推進
- 専門図書館員としての多彩な活動
- 病院図書館員としての積極的な活動
- 公益性の高い専門図書館の財政基盤の確立と運営
- 食文化に関わる書誌の作成と団体立ち上げの活動
- ビジネス支援図書館としての先駆的役割

専門分野の資料の組織化
- 銀行業についてのデータベース構築
- 多数の書誌の作成
- 美術資料のドキュメンテーション推進
- 音楽ドキュメンテーションの推進
- 資料としての社史についての研究
- 服飾資料のデータベース化
- 服飾司書の活動とドキュメンテーション
- 検閲資料についての書誌の作成
- 行き届いた人物書誌の作成
- 地域資料についての書誌作成
- 官庁図書館の未整理図書の組織化
- 物理学関係の書誌作成

図書館と社会の新しい関係

地域開発の支援
- 地域の図書館活動を支援
- 文庫で町おこし
- 共同保存図書館を目指す活動
- 地域におけるユニークな図書館活動
- 地域の文庫を支援するボランティア活動
- 震災についての文庫の立ち上げ

図書館の社会的価値のアピール
- 図書館の楽しさを一般の人々に紹介する著作
- ジャーナリストとして図書館・文書館の重要性を社会に報知
- 図書館をテーマにしたカフェの運営
- 図書館についての多数の啓蒙的著作
- 読書文化の普及推進
- 映画における図書館について研究

図書館による教育
- ブックスタートと布の絵本による活動
- 子どもの読書をテーマとした民間の図書館
- 革新的な大学図書館体制の推進

図書館活動の支援
- 図書館用品の開発と提供
- 資料保存における革新
- 図書館ビデオの作成
- 図書館についての総合的な展示会の開催
- 図書館関連の多数の団体の立ち上げ
- レファレンス活動の成果共有

資料：著者作成

(1)図書館員の専門性を発揮して、目立たないながらも、日頃から努力し、着実な成果を生み出した人。
(2)図書館の国際化に尽力され、日本の国際貢献に寄与した人。
(3)図書館の社会的価値について、そのことを一般に訴え、あるいは実際に社会的価値を高めるための活動をした人。

これまで一六回を数えた図書館サポートフォーラム賞の授賞理由を、まとめて分類してみると、前ページの図のようになります。

これを見ると、実にさまざまなテーマで授賞されていますが、大きく分けると、「国際化」(「途上国支援」と「国際交流」を含む)、「図書館員の専門性の発揮」(「ユニークな専門図書館活動」と「専門分野の資料の組織化」を含む)、「図書館と社会の新しい関係」(「地域開発の支援」「図書館による教育」「図書館の社会的価値のアピール」「図書館活動の支援」から成る)になります。これは、まさに、図書館サポートフォーラムの理念と一致しています。

最後に本書を出版するにあたり、終始、励まして下さった株式会社日外アソシエーツ社長の大高利夫さん、面倒な編集実務を献身的に担当してくださった我妻滋夫さん、そしてさまざまなご教示を頂いた末吉哲郎さん、水谷長志さんをはじめとする図書館サポートフォーラムの方々に厚くお礼を申し上げます。

二〇一五年三月二五日

山﨑　久道

図表索引

索引

著者紹介

山﨑 久道（やまざき・ひさみち）

1946年生、東京大学経済学部卒、㈱三菱総合研究所、宮城大学などを経て、中央大学文学部教授(社会情報学専攻)、博士(情報科学) 東北大学

主著『専門図書館経営論―情報と企業の視点から』日外アソシエーツ 1999年、ほか

編著『情報サービス論』樹村房 2012年（現代図書館情報学 シリーズ5）

論文「図書館の社会的価値を測る―研究のための序説」『中央大学文学部紀要』 2014年 (253号)33～42p、など多数。

<図書館サポートフォーラムシリーズ>

情報貧国ニッポン ～課題と提言

2015年5月25日 第1刷発行

著　者／山﨑久道
発行者／大高利夫
発行所／日外アソシエーツ株式会社
〒143-8550 東京都大田区大森北 1-23-8 第3下川ビル
電話 (03)3763-5241(代表) FAX(03)3764-0845
URL http://www.nichigai.co.jp/
発売元／株式会社紀伊國屋書店
〒163-8636 東京都新宿区新宿 3-17-7
電話 (03)3354-0131(代表)
ホールセール部(営業) 電話 (03)6910-0519

組版処理／有限会社デジタル工房
印刷・製本／株式会社平河工業社

《中性紙三菱クリームエレガ使用》

ISBN978-4-8169-2540-5　　*Printed in Japan,2015*

図書館サポートフォーラムシリーズの刊行にあたって

図書館サポートフォーラムは、図書館に関わる仕事に従事し、今は「卒業」された人達が、現役の図書館人、あるいは、図書館そのものを応援する目的で、1996年に設立されました。このフォーラムを支える精神は、本年で16回を数えた「図書館サポートフォーラム賞」のコンセプトによく現れていると思います。それは、「社会に積極的に働きかける」「国際的視野に立つ」「ユニークさを持つ」の三点です。これらについては、このフォーラムの生みの親であった末吉哲郎初代代表幹事が、いつも口にしておられたことでもあります。現在も、その精神で、日々活動を続けています。

そうしたスピリットのもとに、今回「図書館サポートフォーラムシリーズ」を刊行することになりました。刊行元は、事務局として図書館サポートフォーラムを支え続けて来ている日外アソシエーツです。このシリーズのキーワードは、「図書館と社会」です。図書館というものが持っている社会的価値、さらにそれを可能にするさまざまな仕組み、こういったことに目を注ぎながら刊行を続けて行きます。

図書館という地味な存在、しかしこれからの情報社会にあって不可欠の社会的基盤を、真に社会のためのものにするために、このシリーズがお役にたてればありがたいと思います。

2014年10月

シリーズ監修

山﨑　久道（図書館サポートフォーラム代表幹事）

末吉　哲郎（図書館サポートフォーラム幹事）

水谷　長志（図書館サポートフォーラム幹事）